光を放て子供達よ

Shigenobu Tomonaga
朝長重信

文芸社

まえがき

「頬なでる潮風さあ行ってみよう。芝生の丘を走って四階建に立とう。どうだい青いだろう広いだろう。みんなこの海のように澄みきった心なんだ。」

これは、蘇った分校校歌の一連である。この分校に素朴で明るい子供たちがいる。

私たちは、離島教育を知らないでいた。そこで、離島教育を知らないで、長崎県の教育はできないと思い、離島を希望し離島教育を体験することにした。せっかく、離島を体験するのなら、低級地よりも高度僻地としての五級地を体験しようと希望した。そして、僻地で生活し、僻地の特性を理解しながら離島僻地教育に当たることを決意したのである。昭和五十一年三月の事である。人事異動の結果は、小学一年生に入学する娘がいることを配慮して頂いたのか、平戸市立野子小中学校高島分校に決定された。初めての体験である。何もかも、都市部と違っていた。この僻地高島に来て私たちにできることは何か、私たちは何のために来たのか、それを明確にすることであった。それは又、自分の納得のいく離島僻地教育を創造する事を確認することでもあった。言い換えれば、離島僻地の子供を、教育の力によって現在より、意欲・学力・生活共に、豊かな方向へ変容させることである。その対策として、

1　複式学級の良さを理解して指導に当たる。
2　客観的・学年的学力をつける。
3　自信を持たせる。
4　協力して進歩する喜びを知らせる。
5　教師が協力して島の為子供のためになる。
6　作業学習並びに教育機器利用学習を多くとり入れ、学習を主体的・自律的に自動化する。

の六項目の目標を柱に立てたのである。一方、子供の目を広く島外に向けさせる。しかし、それは何も子供を都市化することではない。都市部にはない、のびのびとした島でなければ育たない子供を育てる事としたのである。

以上のような目標は間違っていなかったし、今もこの目標に向かって実践し

ているが、実践の中で、離島僻地教育の良さ難しさ等が次々に浮かび上がり、「離島僻地教育はどうあればよいのか」という大きな課題を改めて考えさせられるようになった。この第一版は、先の書が離島派遣教師の私の実体験を、広範囲に収録しているのに対し、読者の要望に応え、現代教育にも通じる僻地教育の在り方という立場から再編したものである。それが、この『光を放て子供達よ』である。体験と事実を基にして、思うまま感じるままに記していったので事実ばかりではない事を断っておきたい。これによって、離島僻地教育の様子、離島僻地校の置かれている立場、僻地教育の在り方、ひいては日本教育の在り方について一考頂ければ幸いである。

目次

所在地
平戸市野子町高島
（海底火山で隆起した岩石の島と思われる）

1．局位置　N．33°10′43
　　　　　E．129°20′27
2．戸数　24戸（漁業15、店1、教員8）
3．人口　90人（教員含）
4．タヌキ数　不明
5．ネコ　約100匹
6．カラス約100羽
7．トビ　約50羽
8．犬　　0匹
9．船　　25艘
10．畑　少々、田なし
11．学校　小中併設分校1校
12．児童生徒　12人＋7人＝19人
13．店　小雑貨店1軒
14．定期便　なし（漁船による）
15．自動車　なし
16．自転車　なし（修理2台）
17．バス　　なし
18．1輪車　20台
19．役所　　なし
20．テレビ　25台
21．海流　　対馬暖流が速い
22．海水浴場　不適

尾神島灯台（尾上）
（無人島）

・教員数
小4教頭含
中5
・学級数
小3複式
中2複式

23．海風　強い
24．魚釣客　多い
25．道路　1m道路
26．水道　簡易水道（塩分不純物含）
27．屎尿処理　各家庭で
28．ゴミ処理施設　焼場1
29．下水道施設　なし
30．漁協　　なし
31．理髪店　なし
32．病院まで船と陸路で行く
（25km～55km）
33．電話　1本を3ヶ所に分けて全島民が使用（53年2月11日より全家庭に電話設置）
34．買物　宮ノ浦、津吉、平戸、佐世保でまとめて買う
35．面積　約0.25km²、外周　4km
36．低木雑木林と小竹
37．特産　イセエビ、ブリ、イカ、タイ、ヒラス、カレイ、アラカブ、クサビ、クロ、イサキ、オコゼ、サザエ、ウニ、アワビ、ワカメ、ヒジキ、アオサ、テングサ等

高　島

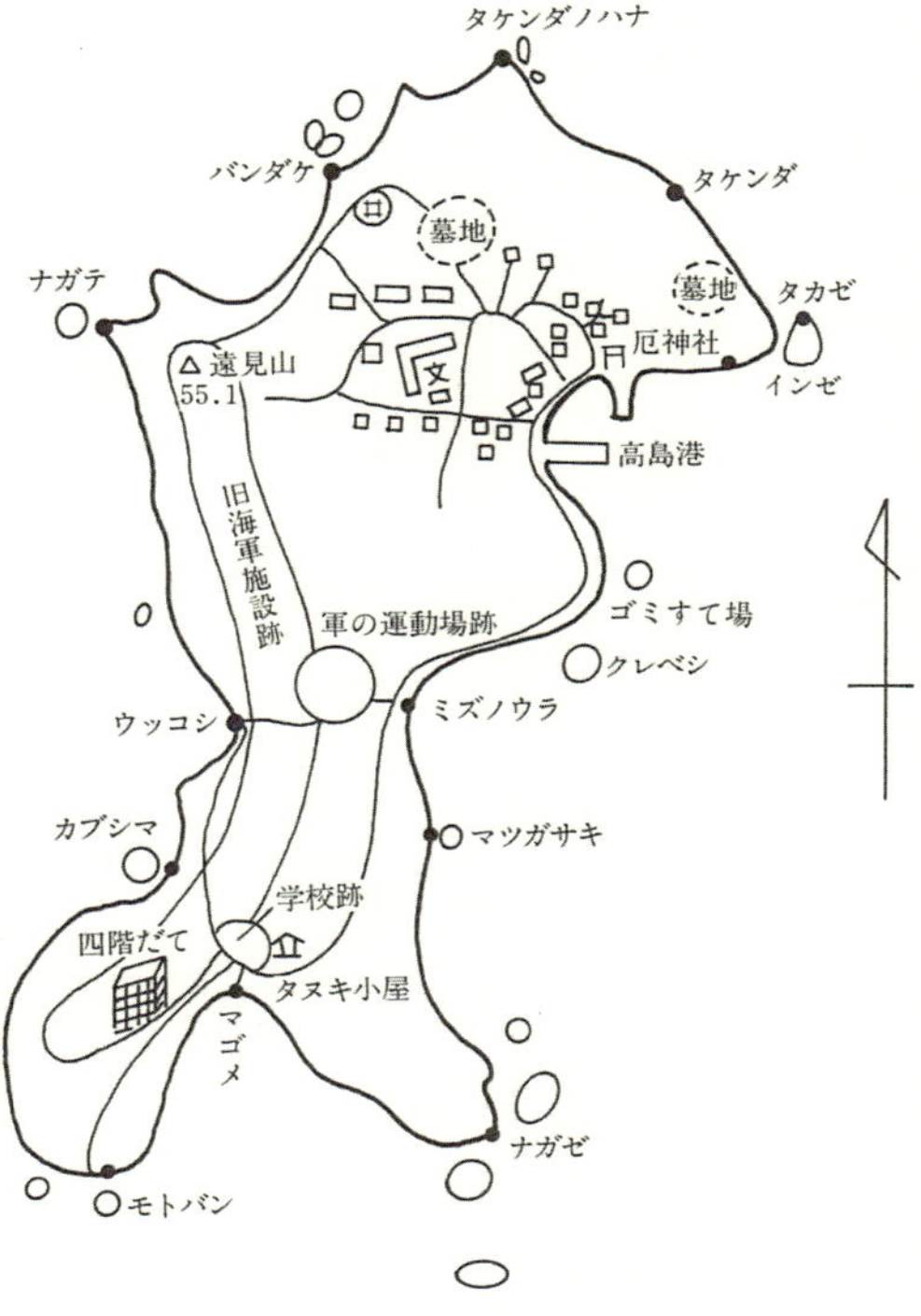

平戸市立野子小中学校
高島分校

第一章　高島へ

1　荷物を揚げる

宮ノ浦を発って、高島の波止に着いたら、大学時代の後輩であるK先生が子供を連れて荷物運びに来てくれた。他にも若いメガネを掛けた先生、それに何やら心の優しそうな、そしてテレ屋さんのような先生夫婦、一見田舎風な感じのする女の先生は、目玉が大きく背は高くはないが体格がよく明るく優しそうである。後で分かったのだが、後輩の奥さんという。

子供達の話し声が余りよく分からない。何やら言っているようであるが、多くを喋ってはいない。やがて、私が船から下りて荷物を運びかけたら、「今日は」と言う挨拶と共に、みんなが荷物を運びかけてくれた。これで大助かりだ。大人達は、荷物を運ぶ波止で綱繕いに余念がない。私の方から「今日は」「今日は」と次々に声をかける。初めての先生とあって、何だか顔をギョロリと見られた気持ちがした。その顔一つ一つに、漁で鍛え苦労に耐え、懸命に生きてきた年輪が刻み込まれている。「今日は」の返事も、ドスが利いているように思われた。

子供達は、分校の直ぐ上のみすぼらしい小さな家に、次から次へ荷物を運んでくれる。私も負けてはなるまいと持てるだけの重荷を背負って、三百メートル程の道のりではあるが、途中で何回も休みながら運んでいく。冷蔵庫、テレビ、洗濯機、電気釜、簞笥、机、乾物、薬品等、一応の生活ができるだけの荷物である。しかし、小学一年生になる娘の分もあるので、荷物は大小合わせて、七十個を超えたようであった。聞いてはいたが、道が狭く一輪車一台がやっと通れる程のものである。もし一輪車が擦れ違うものなら、空の一輪車を道の隅に横にしたり縦にしたりして、すれ違わせなくてはならない。だから、荷物を運んでくれる人々も一列に並んだ行列になっている。冷蔵庫のような重いものを運ぶ時はなかなか大変なものであった。道は曲がりくねっていたが、余り急な坂道はなかったし、階段がなかったのが何より嬉しい事であった。やっぱり小島である。広々とした所がないのだ。

やがて学校の横を通りかかることになった。運動場は草ボウボウで狭い。どうしてこんなに草ボウボウだろう。校舎は古ぼけた木造の校舎で、屋根は瓦葺きの上に石を載せてある。やはり小島特有の強風のためだと言う。時々テレビで放映される山の分校、海の分校の紹介を見ているが、全く分校というものはよく似たもので、学校の玄関（入口と言った方が適している）は、テレビのものとそっくりである。今からここで勤務することになるのだ。まず草を刈らなければならない等と思いながら、分校を通り過ぎると、私の借家に予定されていた家に着いた。

2　借家

竹やぶに取り囲まれた老朽化が凄い小さな瓦とトタン葺きの家である。ここが私たち親子三人のマイホームなのか。この家で家族の生活ができるだろうか。外壁を見ただけでそう思われてきた。荷物運びに来てくれた兄が透かさず私に耳打ちをした。「今すぐ佐世保の家の方へ帰れ、こんな所に住めるものか。おまえもこんな所に希望してまで来んでも、職は何かあるさ、どこでもよか、家の仕事でも何でも暮らしはできるさ、今、直ぐ帰ろうで。」と。確かに余りにも酷過ぎる。宮沢賢治の山小屋とどうであろうか。日本昔話に出てくる舌切り雀のお宿のような錯覚に陥る。私は、兄の言葉には左右されなかった。僻地を希望した時に、既に僻地とは多分こんな事だろうと予想し、それを承知の上で僻地を希望していたからである。「せっかく、希望して離島僻地に来たんだから、ここで頑張ってみるよ。」と、一言兄に返事した。兄はまだ言い足りなかったようであったが、私の意志が固いのを悟ったのか、黙って荷物を運ぶのに精を出してくれた。（こんな様子でも、人情豊かで空気は美味しいし、海とも遊ばれるので病気や怪我が無ければ、こんなに気持ちの良い所はないと、後では思うようになるのだが）

戸口を開けて直ぐの部屋に荷物が山積されている。「ああ、どっこいしょ。」荷物を荷物の上に重ね置く。汗びっしょりだ。敷居が高い。畳は古くてそのままでは耐えられないのだろう。ビニールの上敷が敷いてある。この部屋の三分の一は板張りである。まず家に上がってみる。

「ギー、ギー、ボコボコ」床が悪いのだ。障子は破れ襖は斜めに立て掛けてある。柱や壁は黒ずんで、それにダンボール箱のボール紙を所々貼ってあるのだが剝げている。この部屋がこの家の大広間六畳である。この部屋の右に二畳二室がある。一室は余り古いため使用してなかったという。一室は建具はなく開けっぱなしの感じである。左奥の方に物置部屋だったのだろう、軒下の二畳程の広さがある。これも使用していなかったらしい。押入れ等がないので、ここにタンスや布団を始め、いろいろな道具を置かなければならない。そして、他の一部屋をきれいにして、洋服や下着小物などを置くことにしよう。どの部屋も床が傷んでいて暗い。よく見るとネズミの穴が各所に開いている。佐世保に帰ったら、早速ネズミ捕りと蛍光灯の明るいのを持ってくることにしよう等と思いながら台所に下りてみる。

3　台所

台所は階段を二段下りた土間で実に暗い。土間には床板が敷いてあり、その床板には苔のようなカビとゴミがある。床の下は、湿り気が一杯ある。真っ黒な土がヌルヌルしている。床板の上を歩くとピチャピチャと音がする。いかにも不潔な様子である。屈んでよく見ると、蠅、蚊等の幼虫がいるようだ。流し場は備えつけのセメント造りで、永年の使用に耐えてきたのだろう、表面がこれまた墨のようで、水の出口付近が少し割れているようだ。かまどがセメントでできている。薪で釜を焚くかまどだ。外の煙突は崩れ落ちている。真っ黒いかまどの中に何か光ったものが見えた。猫だ。黒猫だ。「シッ、シッ」と追うと煙突の壊れた穴から外へ跳び出して行った。台所の窓は汚れて外が見えない程である。外は竹藪の崖が手の届く位置にあり、それが古ぼけた台所を一層暗くしている。右の壁に木造の棚があるが、木が腐っていて、近年使用された跡が見られない。ほんのちょっぴり開けようと手を掛けたら、戸が外れて落ちそうになった。棚の中は言わずとも察知できることである。早く戸を嵌め込み使用しないことにしよう。

4　風呂場

土間に風呂釜を置いて、露天だった所にトタン屋根を付け、ビニールで風避けのため、左右に塀を立てただけのものである。天井には、竹草等の葉や根が入り乱れている。山の方は一面岩肌が出ていて、竹や草の根が蔓延って土や石が少しずつ崩れ滑り落ちている。洗い場や風呂の蓋の上は、落ち葉等が散乱している。弁慶蟹も横歩きで風呂蓋の下の方へ逃げて隠れた。崩れかけている石垣の石も落ちそうだ。風呂に入る都度掃除をし、用心深く入らなければならない。これでも、私より前の先生が入居するために、横のビニールの壁や防空壕の入口の塀等は、教育委員会が作ってくれたものだという。全く驚いたものである。「僻地教育振興法」はどのように適用されているのだろうか。僻地派遣教員を勧めるならば、生活の基礎となる教員住宅は、教育委員会の手で、しっかり準備しておかなければ、離島僻地の教育に胸を膨らませて来る教師は、大変な生活をしなければならないと、今この自分の借家を見て思うのである。このようなことが分かっただけでも、私たちは一つ勉強になったのだと、そんなことを考えながら反面、よくこんな所に希望して来たものだ。今からの生活が思いやられるぞ、特に妻には苦労をかける事になるのだ。何だか、妻が可哀想になってきた。しかし、また、僻地派遣教員を希望した段階で、妻とは十分話し合ったし、「私一人で行くので付いてこなくてもよい。」と言ったのに、「私が行くのなら妻も行く。」と付いてきたのだから、妻も我慢してくれるだろうと、そんなことを思ってみたり、色々な事が頭に浮かんでくる。

5 水道

水道の蛇口をひねり水を出してみる。水が少し濁って飲めそうにない。「何故こんなに濁るのですか。」と聞くと、「雨が降る度に濁るのだ。」と言う。「水源地には浄水装置が付いているのでしょう。」と言うと、「浄水装置は付いていない。ただ、一度山の方のタンクへ上げて、部落に送っているのだ。」と言う。カルキは入っていないので、そのままでは飲めないのだと聞いた。しかし、島の人は飲んでいる人もいるという。風呂に水を溜めてみたら、やはり、やや土色だ。先生方は家庭用の簡単な浄水器を使って飲み水をとり沸騰させて使用しているそうだ。早速、浄水器を取り付けなければいけない。また、分校もこの水でミルクと乾パン給食をしているそうであるが、この水で衛生的に許可が下りたのか問題だ。水質検査を早くしなければならないのではないか。市の水道課や保健所の手はのびてこないのだろうか。教育委員会が僻地派遣教員を決定する時、島には、「簡易水道あり」「教育委員会のチャーターしている渡海船あり」と伝えられたが、これが今見る簡易水道だ。確かに管を通ってくる簡易水道である。水はやはり塩辛い。塩分が入っているのだ。お茶の味が悪くなるのではないかと心配になってきた。

以上、波止から借家までについて述べたのであるが、離島僻地とは、こんなものか、都市部では、このような事は考えられもしない事なのである。

手伝ってくださった佐世保からの先生始め島の人々等にお礼を申し上げ、先生、子供共々引き上げて頂いた。多くの荷物に小さな家、その中に私たち親子三人が残された形である。夕方七時頃であった。一休みしたら、掃除しようと話し合って荷物を背に三人とも座り込んでしまった。今日から、この家で、離島僻地勤務が始まるのだ。

6　高島の地勢

平戸本島最南端の宮ノ浦漁港から南へ、漁船で十分程度渡海した所が平戸高島である。高島は小竹と低い雑木林に覆われた岩石の島だ。岩石は火成岩で、所々黄土や赤土を見ることができる。高島は海底火山で褶曲し隆起した島ではないかと思われる。

高島は北緯三十三度十分四十三秒、東経百二十九度二十分二十七秒にあるといわれる。島の周りは対馬暖流が流れており、水温は十四度から二十五度位（波止深さ一メートル・筆者測定）で、冬は温かく夏は冷たく感じる。昔は水田が少しあったというが今は無い。竹藪に囲まれた猫の額程の畑が僅かにあるだけであり、それも漁業を中心としているため荒れがちである。島の北西に遠見という海抜五十五メートルの山がある。これはその昔、平戸藩が外敵の侵入を防ぐため、目良家に命じて見張りを置いた山であり、その後、第二次世界大戦終了まで、日本海軍の見張りだった所である。島の面積は約〇・二五平方キ

新船祝いの餅まき

ロメートルと推測される。島は海岸線を回れば約一時間で歩いて回る程度である。しかし、一か所だけ歩けない所がある。海岸線は極端なリアス式海岸であるが、岩又岩でできているため、海を手中にしながら、海水浴には不向きである。だから水泳指導は前島に渡って行う。

一方、岩石の突っ立った岩場の海は、絶好の釣り場で、釣り客が一年中後を絶たない。他の小島と同じく高島も海風が強い。一旦風雨ともなれば、海水が降ってきて、木々や作物の葉を傷め吹き飛ばしてしまう。そのため、畑には小竹の生垣を全て造っている。

特に夏の台風シーズンや北西の風が吹き捲る冬季は、毎年のことながら、高島部落に何らかの被害がでる。私たちのように古惚けた小さな家にいる者は、時々隣家や学校の安全な部屋で夜を明かす時もある。漁船は台風が来るのを予想して、それ以前に、四十キロメートル位離れた佐世保相浦漁港へ避難するのを常としている。時には、家族全員船共々避難し、佐世保での買い物も兼ねるのである。

高島は海と岩と風の言葉がぴったりの小島である。

7　島の戸数と職業

島の戸数は現在二十四軒である。内訳は、島民十六軒に対し、教師の借家八軒である。一軒の小さな店を除いて、他は全て漁業を営んでいる。十六軒全体が何らかの関係で繋がっており、従って、祝い事や祭り事は全家庭総出となる。

漁は一本釣り。建網・伊勢エビ網。ゴチ網・ジャコビキ網・イカ引き・磯物

子供もヒジキとりの手伝い

漁。延縄漁。海藻採り等をやっている。水揚げの多いのは何といってもゴチ網漁で時には、一日百万円乃至二百万円も上げる事があるという。このように大漁があった時の事を漁師は「アタル」と呼び、逆に全く漁がない日もあるが、そんな時を「マルボシ」と言っている。小学五、六年以上になると、学校に登校する前、網上げの手伝いをしている様子を見ることができる。私が担当している男の子は、小学二年生頃より船外機船（モーターボート）を動かして、延縄漁の手伝いや、対岸の宮の浦漁協まで魚を納めに行く等の手伝いをよくやっている。漁業にとっては、子供も大切な労働力を担っているようである。

唯一軒の小さな店には、焼酎・酒・たばこをはじめ、天ぷら等のおかず、ジュースなどの飲み物、即席ラーメン、駄菓子、チリ紙・洗剤等の日用雑貨品を少しずつ置いている。台風などの時は、食料品を始め店の品物は全く空っぽになる。店の品物の値段は都市部と比べれば少し高い。しかし、その一軒の店は、島の生活に非常に役立っており、なくてはならない存在なのである。教師は現在、私たち以外は、男教師五名（小二、中三）と女教師二名（中二）全て単身赴任者である。男教師五名は、既婚者で土曜日には原則として妻子のいる郷へ帰り、月曜日早朝家を出て高島に来島する生活を繰り返している。これら「土帰月来」を繰り返す教師も大変なようである。

高島は極少数の漁業専業者が生活している小島である。

8　私たち夫婦の迷い

私たち夫婦には、中学一年の長男と小学一年の長女がいる。長女は、私たちと一緒に僻地高島に住み、当分校に在学している。長男はある都市の私立中学の生徒である。これら二人の生活と教育を、私たちは一番心配している。長女の生活している離島僻地には僻地の良さがある。それは自然的なものばかりではなく、それらを総合的に利用した立派な教育が生み出されるはずだ。私たちは娘を含めた分校の子供たちに、都市部に負けない効果的で豊かな教育を施してみたいと思っている。この離島僻地教育については、ある程度の自信と勇気は持てるようになってきた。

一方中学一年になる長男の事であるが、先にも述べた様に、私立中学に在学して寮生活を送っている。そもそも私たちが離島僻地勤務の希望ができたのは、長男が私立中学校に入学し寮生活ができ、親の手が直接的に要らないようになったからである。私たちも僻地を希望するにあたっては、長男を連れてくることが、長男の為になるのかどうか、随分迷ったものであった。長男は人一倍体が小さく痩せ型で虚弱な体つきをしている。ここまで育て上げるのには、随分医者や先生にもお世話になったし心配もしたものであった。そんな長男であるから、実は離島僻地の自然を味わわせながら、体を健康に大きく育てたかったのである。しかし聞くところによると、僻地には医療機関がなく、その上、文化的環境に恵まれていないため、子供の学力は都市部との差が非常に大きく、その学力差は小学校より中学校に進むに連れて大きくなるという事だったので、色々考えた末、三食付きの私立学校へ入学させ、離島僻地には連れてこなかったのだった。なるほど、来てみると校舎は雨漏りが酷く、子供の学力は都市部との差が大きいようで、都市部とは質の違う学習生活の様子であった。やはり長男を私立中学へ入れて良かったと思ったものである。しかし、その思いも束の間、長男の学力がだんだん下向きを辿っているのだ。このことが今一番の心配な事である。体力がないので厳しい学習生活についていけないのだろうか。本人の生活が乱れているのだろうか。単なる怠け心からだろうか。入学当初より驚く程下がっている。いろいろ原因を頭に浮かべながら、電話で本人と話し合ったり注意したりしたのだが、一向に上向きにならないのである。本人は「勉強している。」というのだが。結局私たちは佐世保の家を留守にして離島僻地に来てしまっているし、長男がたまの休暇で佐世保の家に帰ってきても、家族として誰もいない。つまり私たち両親とも妹とも会えないのである。そのような心の拠り所の無い不安定な長男の生活が学力を下向きにさせているのだ。中学一年といっても、今の大人の中学の頃の心の強さと、現在の中学一年生の心の強さを比べた場合、現代の過保護時代に育てられた長男にとっては、生活の変化による適応ができないでいるのではないか。あまり「学力学力、勉強勉強」と言えないぞ、そのような事であれば、私立学校にはやらず、私たちと一緒に離島僻地の分校（小中併設校）へ連れてきた方が健康にも人間的にも、伸び伸びと生活できて良かったのではないか。この分校でも、どうかして都市部に負けない学力を身に着けさせる事はできるのではないか等と思っているのである。しかし、又一方、青春時代に私立学校へ入り、自分の力の限り実力を試してみるという機会を持つ事ができる生活も、長男の将来にとって良い結果を生むのではないかと思ってみたりして、本人が私立学校を止めないというのだから、まあ、学力はどうであれ、それでいいのではないかと思うこの頃である。つい先日の成績が上向いていたのが何よりの救いである。

9　先生は二、三年もすると島から出るもんな

昭和五十一年四月六日だったと思う。高島に初めての赴任の為、荷物を揚げて頂き島での初一夜を迎えようとしていた。その夜の九時頃であっただろうか、一人は三十代後半、もう一人は五十代半ば位の男の方二人が挨拶に見えられたのである。「今晩は。」と、ビール半ダースを持って入ってこられるので、どうしようもない。まだ部屋の掃除を少ししただけで、荷物も開けていない。コップ茶碗等が入っている荷物を急いで解いて開け、畳の上にコップを出し、ビールを酌み交わす。話によれば、この二人の方は、この島でも酒好きで通っており、夜の十二時や夜中の一時頃までも家々を回って飲み歩くのだという。「まあ先生よろしくお願いします。何か用事があったら言ってください。何なりと役に立ちたいと思いますけん。」等と世間話を含めて話される。

私も「何も知らない所ですのでよろしく。」等とお願いし、その夜は終わったのである。次の日は、別の三人の方が挨拶に見えられ、焼酎を飲み交わしな

がら（私は焼酎を飲んだ事はなかったのだが）、世間話をしたのだった。その中の一人が、この人はやや年老いておられたが、その時言われた事を今も思い出すのである。「先生は二、三年もすると島から出るもんな。おりどん島のもんが、心を割って付き合おうと思っても、先生方は出て行くもんな。」「先生は何年いる予定ですか。」と。「私は、離島僻地を希望してきました。離島派遣教員は一応三年で帰すという事になっています。しかし、私は何年居るか分かりません。離島僻地を希望し、離島僻地教育をしに来たのですから、納得のいく教育が出来るまでは帰らない覚悟です。」「先生は、そぎゃん言うばって、どうせ、二、三年で出て行かすに決まっとるたい。」私はこの会話をしたとき「生活が許せば、三年間といわず、もっとこの島に居よう。そして、この島の子供たちを都市部の子供に負けないような子供に（人間に）育てよう。」と言う、離島僻地派遣希望の決意と目的を再確認する事が出来たのである。

これとは別に、此処に赴任するために高島の対岸の宮の浦で瀬渡しさんを待っていた時の事である。「高島に渡して頂きたいのですが、お願いできますでしょうか。」「ああ、ようがす。高島の先生でっしょ。」「はい。」「どこから来たってすか。」「佐世保から来ました。」「先生方も、島流しですなぁ。何か悪っ事ばしたってすか。」「冗談じゃありません。私たちは、離島僻地を希望して高島に来たのです。本当は、四級僻地高島よりも、もっと僻地の五級僻地を希望していたのですが、今度、小学一年生に入学する子供を連れていくという事情を当局が配慮してくれたのか、高島に赴任することになったのです。長崎県の離島の学校は、県の学校の約四十八％を占めています。離島僻地教育を知らないで長崎県の教育はできないし、長崎県の教育者等といえた柄ではないと思います。そんな訳で、私も一度は離島僻地教育をやってみたかったのです。」「ああ、そうですか、希望までしてですねえ。」「はい。」「今はそやん先生もおらすってすたいね。」「はい。」「今までは、退職された先生か、教員免許ば持たん先生か、何か内地で失敗した方が、こんな離れ島に来ておられたって言いよりましたってすたい。来ておられた先生自身も、一寸した事で、今度島流しに遭いましてって言っておられた方がいたですもんなあ。」「そうですか、でも、今はもう変わりまして、私たちのように離島僻地を希望して来るようになったのですよ。」「そぎゃんですか、希望して来る先生もおらすってすたいなあ、先生方んごと。」「今は今までとは違いまして、そうなったんですよ。」「そしたら、今からだんだん、ようなりますたいなあ。」「はい、離島僻地もだんだんよくして行かなければなりませんねえ。」

以上述べた会話は、何を物語っているのであろうか。私はこの会話にこそ、現在まで行われてきたであろう本県の離島僻地教育行政の現状を見ることができると思うのである。離島僻地の教師が、二、三年で替わっていく教育行政、この年数は、ようやく島に慣れ、子供をようやく理解して、これから本当の教育ができるという時期ではないか、離島僻地だからといって、それは極一部ではあろうけれども、免許を持たない先生を、退職された先生を、失敗した先生を赴任させるとか（この事は一方では教師の蘇生を促す機会を与えてくれているともいえるが）、そんな教育行政でいいのだろうか。以前から私は、このような話を聞いたことはあった。しかし、現実に今此処でその事実を知らされているのだ。何という都市部中心の教育行政であろうか。私はこの会話の中で、これらの事実が、今は皆無だという事を主張しなければならなかった。この会話の中にあるような離島教育行政は、何も人事面だけではないだろう。校舎にしても、教員住宅にしても、施設設備にしても、同じように離島僻地だから不備なのであろう。考えてみれば、日本の国境の島、離島僻地の集落の人口が減少を辿っているという。何が原因かはっきりしないが、離島の学校の不備も原因の一つといえないだろうか。真に離島僻地教育をやろうとすれば、離島に僻地に根を下ろさなければいけない。子供や父や母を、兄弟姉妹を、その生活構造を、地域や部落を、そしてその歴史や風俗習慣を理解しなければならないのである。一応の理解をするにはやはり、二、三年はかかる。仮に三年で離島僻地を引き上げることにすると、その間の離島僻地生活は、概ね次のような年度的経過になるであろう。

一年目は、離島僻地に慣れる年
二年目は、一層の理解を深めながら、自分なりの教育を試みる年
三年目は、地域との交流も深めながら、自分なりの教育をし、無事に過ごす年

以上は何名かの離島派遣教師の言葉を基に述べているので、離島僻地三年間の教師生活としては、大きく外れてはいないだろう。（教師はそれぞれの派遣

期間で精一杯の教師生活を志すのであるが）これで真の離島僻地教育ができるだろうか。

反面教師は誰にもできる。僻地のような一部を除けば教育には理解が浅く、子供の教育は学校任せという所では、学校に教師という名で赴任して居さえすれば、教育はできるのだ。小中の子供自身、野放しではそんなに勉強は好きではない。家庭学習や宿題等は仕事の手伝いなどで出来ない時もある。そんな子供であるから、子供は、「勉強、勉強」と指導を強める教師（これは指導法が間違っているが）よりも、家庭での学習はさせずに、授業中、学習をしようがするまいが構わずに、遊ばせたり、笑わせたり変な話をしたり、流行歌を歌わせたりして、授業の理解度は気にせずに、時間を過ごさせる教師を好きな先生という事がある。教師自身、こんな僻地に長くいるのは無用のこと、その期間だけ大人とも子供とも摩擦を避け、好かれるように振る舞って、無事に過ごす事もできるのである。しかしそれでは子供は目的を失い、学習内容の理解はいい加減になり、生活は乱れてくるのは明白である。このような教育が現在、僻地で行われていると言っているのではない。しかし、もし仮に、一人でもこのような教師が出現することになれば、それは教師自身の自覚と意識と熱意の問題であるけれども、現在まで行われたであろう教育行政も、その責任の一端を担うべきであると思う。真の僻地教育はこれでよいのであろうか。「僻地教育振興法」は僻地の教育水準を上げるために制定された法律である。この法律に則り、離島僻地教育行政に力を注いでほしいと思う。幸い県は人事面では五十二年度より「広域人事要綱」を策定し、教員の資質向上と共に、全県的な視野に立って離島僻地教育にも力を入れつつあることは喜ばしい事である。この策定の展開は、年々木目細かな、そして人間性溢れるものへと改善され展開されなければならないものであろう。加えて言うと、教育には教師の生活の安定が重要な要素である以上、その点に十分な配慮がなされることを望みたい。「先生は、二、三年もすると、島から出るもんな。」せめて私は、そんな言葉を二度と聞かないでもよい、離島僻地に根差した教師になってみたい。

第二章　高島での学校教育

1　学校の規模

現在高島分校の児童数は、小学校男子二名、女子十名の十二名・教師四名である。学級数は複式二学級、児童一名の単式一学級である。他に併設の中学校があり、中学生七名・教師五名、複式一学級、単式一学級がある。

2　単式用教科書の使用

高島分校では、複式学級でも学年別単式用教科書を使用しているので、教師は大変である。単式教科書を使用する理由は、

第一に客観的学年的学力をつけたいためである。複式学級の教科書を使用すれば、教師の負担はある程度軽減されると思われるが、あえて、普通学級用の単式用教科書を使用しているのである。

第二の理由は、個別指導の徹底という立場から考えて、単式用教科書が適し

ているからである。極少人数だから、個別指導に重きを置くことは、極少人数学校と同じである。複式学級用教科書を使用して、個別指導の徹底を図るという事は、どんなことであろうか。個別指導は個人にあった内容や方法で指導する事だと思う。とすれば、単式用教科書の方が、学年的能力的に児童に合っているし、個別指導に適した教科書であると思われる。個別指導の徹底を図るというのが複式であっても単式用教科書を取り入れた理由である。

第三の理由は、離島僻地に赴任する教師の中には、私たちの様に子供連れの教師もいる。この教師たちは、二、三年は島にいるとしても、やがては転勤異動させられる運命にある。転勤先の学校では、単式用教科書が使用されている。転校した教師の子供は、それに対応し適応しなければならない。その適応が学年的に何の格差もなく行われるようにという配慮からである。

複式学級用の教科書は、一般的に、二学年の学習内容を混ぜ合わせ、二年計画で教育課程が修了するように編成されており、二年間で二学年分の学習内容が身に付くようになっているのが普通である。複式学級用の教科書使用は、その学童達がその島の学校に長く在学することを前提にして編成されているのである。

3　核になる子

極少人数学校では、入学当初、学習に優れた子がいると、その学級の子供全員が、他の学級より、積極的な子供が多い学級になるようである。例えば、教師の子供が混ざっている学級は、他の学級の子供達より、学習面或は学習生活の面で積極的な子供が多いという事実である。それも、小学低学年から一緒にいて、長く居れば居る程、その学級の積極さは向上するという現象の発見である。私が知り得た当分校での教師の子供は三名いた。それらが加わっている学級の子供たちは他の学級よりいずれも積極的な子供が育っているのである。この事実は何を意味するのであろうか。それは、極少人数学級では、学級の核になる子がいれば、その子の学習の仕方、学習生活の仕方を真似て、他の子供たちも向上していくという事である。学習とは何か、学習生活とはどんな生活であるか等の学習の躾なども含めた学習の仕方そのものが、僻地の子には未知なのである。学級を向上させるためには「核になる子を育て、それを真似する子供を褒める事」と言う事ができよう。この学級集団の核になる子を育て、学級集団をよき方向へ向かわせる指導法は、普通学級を対象としていろいろな学校で研究され、多くの書籍も各種発行されている。それは非常に積極的な意図を持ち、指導性を発揮させようとする意味での核である。しかし、極少人数学級での核は、そのような積極的な意味での核ではない。そのような積極的で指導性の強い核は、一面排他的な僻地の子供からは排斥される結果になるであろう。離島僻地での極少人数学級の核は、学習生活の面がよく、しかも、人間味豊かな、思いやりのある、僻地に適応していくことのできる子供が期待される。つまり、仲良く学習していく生活態度が手本となる子供である。極少人数学級の指導の一方法が、こんな何でもない所にあることを知る事ができるのである。

4　個別指導

　個別指導（学習）というと、大きく二つに分けられると思う。一つは一斉指導の中の個別指導であり、もう一つは一人を終始対象とするという個別指導である。学校教育法施行規則第二十六条「児童が心身の状況によって履修することが困難な教科は、その児童の心身の状況に適合するように課さなければならない」と。学習指導要領第一章総則八の三「学習の遅れがちな児童、心身に障害のある児童等については、児童の実態に即した適切な指導を行う事」の二項は、特殊学校も含めて、個別指導の意味を持つものであろう。

　僻地に於ける極少人数学級では、個別指導に徹する機会が多くつくれる。個別指導を何故必要とするかは、個々の子供に分からせる（分かる・分かった・できる・できた）指導をしたいからに外ならない。分からせる指導をしたいという教師の願望は、一斉指導とて同じであるが、一斉指導が集団を対象としているのに対し、個別指導の分からせる指導は、個人を対象としているといえる。個人を対象としての指導は、個人の能力を始め、個人の特徴（特性）を捉え個人に合ったものでなくてはならない。このように考えてくると、個別指導は、極少人数学級に適した教育方法という事ができる。しかし、一対一という個別指導は、極少人数学級といえども、未だ、それを純粋に施す人的環境が教育行政的に設定されていない。そこで、私たちは、個別指導を「個人差に応じた指導」という事で徹底し、教育の効果を大なるものにしようと懸命である。極少人数学級では、一斉指導を行えば授業は容易である。しかし、学年差よりも個人差が大きな時もあり、分からせる指導となると、個別指導を徹底し学力の向上を図った方がよい。個別指導を徹底するという事は、子供にとっては、自学自習の態勢をとる事になり、自主的に学習に取り組まざるを得ない。その中で分からない問題があれば教師にその都度質問し、教師のその子に応じた指導を得て学習を進める。つまり子供たちは自分のペースにあった学習を進めていく訳だ。従って、教科書が渡された四月と九月の段階では、全ての子供が同じスタートラインに就いているが、期日の経過と共に進度の差が大きくなってくる。教師は進度の遅い子供に付きっ切りで指導し、他の子供に追いつかせようと努力する。その間に他の子供から途中質問が出た場合、質問の子に応じてやるのだ。一斉指導では、四十人位の子供に、教科書の同じページを指導すればよい訳だが、個別指導では、教師一人が子供の数だけのページを個別に指導してやり、子供は次々にページを進み進歩していくのだ。速く進む子は、殆ど教師の手を借りずに次々と問題を解いていくが、進歩の遅い子は教師の直接の指導を数多く必要とするにも拘わらず、進歩の度合いが小さいのが一般的である。進歩の速い子には、指導を少なくし、遅い子には指導を数多くするのだから、子供の能力と教師の指導する時間や内容は、反比例の関係と言ってよい。それでも進歩の速い子は、教師に自分のノートを見てもらっている間に、遅い子の学習の指導援助をしてくれる。それは、ほんの僅かな時間であるが、指導を多くしなければ進歩が望めそうもない子供の個別指導の機会を多くし、指導を徹底する意味で非常に役立っている。このようにして、毎時間、誰一人として学習に手を付けない子も無く、個にあった学習を自主的に積極的に支えあいながら進めている様は、僻地であり極少人数学級であり個別指導だからこそ実現可能な事であり、一斉指導には到底望めそうにもない充実した時間である。

個別指導は全教科に亘って施す事が可能であるが、内容的に一斉指導を取り入れながら指導した方が好ましいものもある。例えば、国語の読みであるが、一斉指導も必要であるし、個別の読み練習も必要な訳である。又、子供の思考を練って、よき方向へ向かわせる話し合い学習もしかりである。加えて、教育機器をその子に応じて利用すれば、学習がバラエティーに富み、一層充実してくる。一単位時間内で一人の教師が複数の個別指導を実施していくのだが、個別指導が旨くいくかどうかは、教師の教材研究と準備ができていれば、子供の質と子供の数によってその成果は決まると言ってよい。個別指導は、どの子も一時間が、満足のいく学習ができたという気持ちと、楽しくできたという気持ちを持たせて終わることができるし、進歩の速い子を足踏みさせたり、遅れがちな子を置き去りにしたりする事もない。複式学級用の教科書を使って単式学級のように一斉指導をしていくと、教師は教材研究の幅も狭められ、苦労は少なくて済むが、それでは、個を大切にした指導とはいい難いだろう。そこで、極少人数学級では、個を大切にする、個のための個別指導を徹底すべきであろう。

この個別指導を都市部の子供たちに行う事ができたら、「子供たちの学力は、いやがうえにも向上するだろうに。」そして、「落ちこぼれなどという言葉は聞かなくてもいいだろうに。」と思う時がある。

個別指導の徹底、それは、僻地極少人数学級なればこそできる教育方法であり、教育そのものの真髄であるように思う。私たち僻地の極少人数学校に勤務する教師は、小学校入学時まで、何の教育的、社会生活的、集団的な事柄を施されていない子供たちに、個別指導を徹底することによって、子供たちが六年を卒業する頃には、都市部の子供と同等な、いや、それ以上に豊かな面を持った人間に育て上げることができる事に自信と誇りを持ちたいと思う。

5　複式学級の良さを理解する

複式学級の良さを教師自身が十分理解して指導に当たる必要がある。離島僻地極少人数学校では複式学級が多い。この複式学級の指導に当たる教師は、その指導の複雑さと難しさ、それに不慣れな事が重なって、暫くの間悩むものである。毎日の授業が試行錯誤であり、「今日も駄目だった。」と満足のいく指導を見つけ出そうと懸命である。しかし、一向に満足のいく指導が見つからず、その内に、自分自身の指導力の無さに気づくと同時に、この極少人数の学級が複式学級でなければ、どんなに指導が徹底するだろうにと、短略的に複式学級排除の方向に目を向けがちになるものである。私も一時は、このような思いを心に抱いたものだった。

複式学級の排除、または解消は決して悪い方向ではない。私もそれについては、ある意味で大賛成である。しかし、複式学級の排除が最高のものと思いながらの教育は、もう既に自分の複式学級の指導が粗雑になってしまっている事に気づかなければならない。複式学級の良さを知らないで、或は理解しようと努力しないで、単式学級がこの極少人数学校に於いても、如何にも最善のように不平不満を言いながら指導したところで、子供も教師自身も不幸であるし、指導の効果は半減してしまう。複式学級の良さは幾つもある。その中で私たちが重要視しているものは次のようなものである。

第一に集団の個人成長への影響力である。集団の成員は、それぞれの個性と能力を持っていて、その個性と個性、能力と能力がぶつかり合い、それが刺激となって個人の頭脳を発奮させ、個人を進歩させていく。極少人数学級では、集団の成員が多ければ多い程、その刺激は広く奥行のあるものと思わなければならない。この意味で、極少人数の単式学級では、到底味わう事の出来ない教育効果が複式学級にはあるように思う。

一方、僻地での一人二人という単式学級では、教師の手が行き届き、指導効果抜群で、子供の学力はいやが上にも向上し、優秀児ばかり出来てくるだろうと、一般的には考えがちである。実はそれはある意味に於いて誤りである。単式学級の良さは、同一教材による一斉指導に限られていると言ってもよい。そこには、話し合いは勿論、他からの刺激もなく、子供が、他に働きかける力を欠く結果となってしまう。

第二に複式学級の良さは、質の高い話し合いができると同時に、学習の方法を短時間で考えだし、協力的に準備できるという事である。例えば、理科の実験観察、家庭科の実習等の準備、視聴覚機器利用学習の準備等、協力がなければ、その面での子供の活動が高度なものへと発展しないものがある。又、体育のマット、跳び箱、ゴール等の準備という力作業は、複式学級でなければできるものではない。私たちの学校を含めて僻地の学校では、体育倉庫や体育館的な施設設備は置き去りにされているようで、天候の良否に拘わらず、廊下などの置き場所から、運動できる場所へ苦労して運搬しなくてはならないのが常である。これらの力仕事は、極少人数学級では大変難しい事である。

話し合いにしても「せめて四、五人いたらどうにかなるのになあ。」と思うことがしばしばあるのだ。そこで、極少人数学級では、以上述べた事が旨くいかないので、つい時間的な事もあり、教師が全てを準備し、思考の例まで挙げて指導してしまいがちになる。教師自身が話し合いをし、教師自身が作業して、意見を披露することによって満足しなければならないのである。それが毎日続くのだ。僻地の子供は元々受動的な面があるのに、尚一層何もしないでよい、頭脳を働かせなくてよい子供に育つことになる。これは、教師が、いや、僻地の教育の困難さが、そのようにさせていると言ってもよいのではないか。これでは豊かな子供は育たない。極少人数学校では、複式学級の教育的良さを積極的に理解することから出発しなければならないと思う。

6　客観的学年的学力をつける

僻地の子供の学力は、ややもすると、その離島僻地に留まり、優秀児・遅進児といっても、その極少人数学校（学級）内のものである。教師自身も、子供に合った指導や、程度に応じたテストや練習問題を提供しがちである。このこと自体は、子供の個性、能力に合った指導として尊重されるべき事ではあるが、しかし、それに甘んじた指導で、一年中を経過するのは問題があるのではないかと思う。程度を子供に合うようにした教材提供や指導も、一か月、或は各学期の末には、全国的な客観性のある学力を身につけさせるための目標を心に秘めた指導でなければならないと思う。そして、目標通りの指導をし、目標の期間が終わった後は、客観性のある問題作りの資料を集めて練習問題を作り、実施し評価して子供の客観的実力を知り、指導の反省をなし、次からの学習指導のステップに備えることにしたい。つまり、指導の計画、実施、評価に客観性を持たせる努力と、その必要性を痛感するのである。でなければ、教師一人と子供数名（一、二名の時もある）の極少人数から生まれた離島僻地的な学力しか身につかないだろう。広い視野を持った客観的な学力を持った子供の育成は、教育的文化的面の刺激が大きく欠けている離島僻地校にとって非常に重要な事である。たとえ僻地の子供であっても、大空に羽ばたく大きな力を持った鷲のような子供に育ててみたい。そして、それが、私たち離島僻地勤務教師の使命でもあり喜びでもある。

7　自信を持たせる指導

図工でもよい、作文でもよい、体育的なものでもよい、計算でもよい、生活面でもよい。子供一人一人に「自分は向上進歩しているのだ。」という意識を持たせるような教師の指導が必要である。子供が少しでも正しい方向に変容したと思ったら、そのチャンスを逃さず褒めてやることである。最初は教師の意識的な主観によって、子供の学習や行動を捉え、褒めてやることであり、次は、子供の進歩への指導を加えながら、客観的な統計等によって、その向上進歩の様子を子供自身に理解させ、褒める事である。このような期間が一学期は欲しいものである。これだけで、最早子供は、自分の学習や行動に自信を持ち、学習生活全般に活気が漲り、自分を向上させるための活動を行うものである。加えて、教師への信頼は厚く大きいものになってくる。

次に必要なことは、表現活動を活発にさせることである。学校には、あらゆる作品募集が舞い込んでくる。それは、市・県・国のものを始め、会社や団体に至るものまで様々である。これらの募集の全てに応募する事は不可能であり、離島僻地の子供には到底、そのような能力や準備が備わっていない。そこでそれらを取捨選択し、できるものは、無理のない範囲で応募させてみる事である。そうする間に、教師の指導も客観性が加わり、子供も進歩してくるものである。そこを狙うのである。高島分校も「作品を出そう。」と誘いかけると「ドウセガ、ダシタッチャ、入選ナンカセンセンカ。」「何故かい。」「ヘタセン、キツカバッカイジャン、オンダダサンチャン、ソレヨリ、遊ンダガ、オイダン、ヨカッチャン。」こんな声がよく聞かれたものであった。しかし、作品募集も目的や内容指導に加えて、教師の計画的で継続的な指導宜しく、「初めから入選すると思っているのが可笑しいですよ、出さないで（応募しないで）いて、入選なんかあるものですか、先ず出すようにしましょう。そのかわり出すと決まった以上、いい加減に書いたら（描いたら）いかんぞ、自分が書ける内で、一番上手に書いて出すようにしましょう。」という事になり、「皆がその気で頑張るなら、先生もみんなに負けないように、一生懸命に教えます。困った事があったら、すぐ訪ねてくださいい。又、困らなくても、時々先生に見せてくださいい。」ということで、全国愛鳥週間のポスターに応募したのが、五十一年五月の事であった。この時の子供の苦労は並大抵のものではなかった。事前の話し合いが話し合いだったので、子供も教師の指導についていく外なかった。教師はこの時とばかり、ポスター作成の指導を徹底したのだった。それは、構図・配色・混色・重色・彩色・筆法・感じ等、図画の基礎的なものから指導できたのである。作品が完成した時、「今マデ、コンギャン、一生懸命書イタ（描いた）事ハ、オンダ、ナカッタバナ。」とか「今マデデ、一番ヤアラシュウデキタバナ。」等と言い合っていた子供であった。しかし、その愛鳥週間のポスターは一点も入選しなかった。入選する筈がない事は、教師も子供も分かっていた。「これでいいのだこれで、」「ソイバッテン、オンダ、絵バ描クノガワカッテキタモンバ、今度、何カアッタラ、出ソウジャッカ先生。」こんな言葉や思いが、子供と教師の中に芽生えてきたのだった。それから、次々に応募して、その中で感想画・感想文・工作・作文・詩・版画・絵画・ポスター・標語等が入選、入賞する等、全校十二名という当分校に舞い込んできた。参加賞を合わせると、全員に何回かずつ賞が行き渡っている。今や子供の自信は大変なもので、子供たちは離島僻地という狭いこの島からあふれ出し、市・県・国へと、作品を通じて羽ばたこうとしている。やればできるという自信から、この表現活動はもとより、普段の学習生活の面で積極的な取り組みが見られるようになり、その効果も出始めている。離島僻地の子供には、何でもよい、自信を持たせる為の教師の努力こそが大切であると思う。

8　協力して進歩する喜びを味わわせる

離島僻地の小島では、良し悪しは別として、極少人数だから、仲良しの反面、友達の少しの欠点や非を見つけ、その子を全員で批判するというような言動をとるきらいがある。友達が良いことをした様な時でも「マグレタン」「ヨカブッテ」とか言って、友達の秀でることに対して、その友達を扱き下ろそうとするのである。このような行為は、島の生活風習や規範、又は、小グループのルールなどに外れた行為を取った場合にも適用される。動物たちの子供は、子供同士の協力なしに、自分が一番いい場所や餌を求めるために、他の子供たちの体や顔や頭に乗りかかる等、他を顧みない習性がある。動物ではそうすることが、自分（個体）の生命に直接関係する行動であり、自分の生存への本能なのである。集団で協力していこうという高度な知恵が薄いのである。友達が進歩し成長していくことを喜ばないのだ。このような習性は、程度の差こそあれ、生物である以上身についているのかもしれない。それは人間とて同じであろう。当分校の十二名の子供にも、本質的には異なるにせよ、このような事が観察できるような気がしたのである。私たちが赴任した時に思ったことは、正にこの事であり、「こんな少ない人数で、どうしてそんな友達の欠点や悪口を言うのか。」「極少人数だから仲良く生活できるだろうにと。都市部の多人数学校や学級でも、そんなに意地悪な悪口を耳にすることはあまりなかったのに。」と。しかし一方、それが他から刺激のない小島では、一種の刺激であり、遊びであり、仲良しの証であることを、直ぐに悟った私たちであった。しかし、それればかりではない。悪口や批判は、刺激や仲良しの証と同時に、集団やその成員の進歩発展をも妨げる原因となっているのだ。悪口は保守的なのである。進歩に向かって協力していく事を妨げているのだ。これでは、この小島の教育は現状を脱し得ないであろうし、当分校の子供は、当分校の子供に終わるだろう。そこでこれを打破するために、みんなが協力して進歩し変容していく喜びを知らせ、味わわせ、育てていかなくてはならない。その具体策として、

第一に、個人の欠点より長所を見つけ、知らせてやること。

第二に、集団活動を多く取り入れ、集団活動の良さを知らせる事。

これは個人にはできない事柄でも、友達と協力し合えば、何事も旨くできるという事、その中に友達の良さを認め合う事である。

第三に、友人を褒める事の出来る子供に育てる事。

他の項で述べたと思うが、子供に自信を持たせる活動では、全員ありったけ

の力を出し合って活動し、各自の苦労を知り合い、友達の苦労や努力を全員で褒めてやる。褒める事の出来る子供に育てようと努力したのである。

第四に、学級では勿論の事、全校朝会などでは、個人の努力はもとより、学校や学級集団としての目標に向かって、全員の努力が必要な訳を知らせると共に、子供と教師の協力の下に、学習は進歩する事を強調し続ける事にしたのである。

その甲斐あってか、友達の欠点や悪口を言い合うような様子は全くと言っていい程なくなっているし、友達の良さを認め協力して進歩していこうとする活動的な態度が身についてきているこの頃である。分校校歌にある「夕陽のようにでっかい心を持ち、友達の進歩的変容を喜び、自分の進歩的変容を喜んでもらい、全員が協力し合って生活できる喜びを知る子供に育てる事。」が、極少人数学校（学級）では、非常に大切な教育内容である事に気づくのである。

『ぼくらの高島』（分校校歌）

作詞　福原幹夫
作曲　田口　進
歌　　倍賞千恵子
伴奏　ＮＨＫ

一
降り注ぐ太陽さあ行ってみよう
竹やぶの小道を抜けて遠見に登ろう
どうだい青いだろう高いだろう
みんなこの空のように大きな心なんだ

二
頬なでる潮風さあ行ってみよう
芝生の丘を走って四階建に立とう
どうだい青いだろう広いだろう
みんなこの海のように澄みきった心なんだ

三
ぼくらの空と海さあスクラム組もう
水平線の向こうに今沈む夕日
どうだい赤いだろうでかいだろう
みんなあの夕日のように
真っ赤に燃えてるんだ。

ぼくらの高島

詞 福原幹夫　曲 田口 進
歌 倍賞千恵子　伴奏 NHK

マーチの速さで元気に力強く
しかも軽やかに唄う

9　間接指導では、児童を主体的に自律的に学習に向かわせるための指導計画が大切

そのために、
第一に子供の能力に合った学習ステップの提供が大切である。
複式学級の学習指導は、間接指導と直接指導をどのように旨く実施していくかという点が何時も問題となる。先ず、間接指導で重要な事は、主体的に自律的に学習を進展させる事ができるか否かという事である。そこで、教科内容は種々あると思われるが、それらがどんな内容のものであれ、各児童が活動できる作業学習が効果的であるように思う。しかも、作業学習は、子供の進歩の度合いによって、次から次へと進展することのできるものでなければならない。それは個人的にも、各グループ的にもしかりである。学習活動が停止することのないように計画準備されたものが欲しいのである。ここでは個人或はグループの能力に応じた学習のステップでなくてはならない点が重要なポイントとな

る。でなければ、学習の進歩は疎か、教師の手を必要とし、間接指導が間接指導でなくなり、直接指導に変身してしまう。いわゆる子供自身で学んでいく事ができなくなり、主体的自律的に進展されるべき学習は破壊されてしまう。直接指導を予定していない子供に、直接指導をしなければならない破目に陥るのである。このような事から、間接指導には子供の個人、又は、グループの能力に合った学習ステップと学習のプロセスの提供を疎かにはできない。これらの提供には、教師の非常な努力が必要である事は明白であるが、間接指導が存在する限り、離島僻地勤務教師が果たさなければならない事柄の一つである。

第二に、間接指導を予期した直接指導が必要である。

直接指導の段階で、次の間接指導の学習の仕方や進め方を考えた、そのための指導をしておく事を欠かすことはできない。言いかえれば、間接指導が旨く実施されるための直接指導が必要なのだ。でなければ、間接指導と直接指導の関連性がなくなり、間接指導が期待できなくなってしまうからである。私たちは、この間接指導の学習活動が旨くいくための直接指導の在り方を重要視しなければならないと思っている。

10　教育機器利用

教育機器の学習指導への利用は、近年益々盛んになってきた。それは、一斉指導においても、個別指導においても同じことである。教育機器利用が盛んになる理由の主なものは、

第一に、工業の発達と教育への市場開拓

第二に、生産性向上と同じ意味での教育の効率化

第三に、人間性の尊重と教育の科学化

第四に、人間教師による教育の限界と教育機器利用による教育の無限性と期待

第五に、教育の個別化と集団化の進展

をあげる事ができる。

教育機器は、教育（指導）の進展の速さ、提示表現の正確さ、視覚的な色彩の豊富さによって、教育効果は計り知れない。しかし、一面、「子供自身が学

習内容を書き取って身につける」という本来の教育方法が疎かにされてはならないと思っている。

又一方、高価な教育機器が何台準備されていても僻地に勤務する教師の意志如何では、ゴミと錆に埋もれながら眠る機器に変わるのである。教育機器利用指導の研究は、離島僻地教師に限らず教師に課せられた課題である。

11 小中併設校

離島僻地高島分校は小中併設校である。極小規模の小中併設校では、小中学生の力関係、上下関係がはっきりしていて、長所もあれば短所もある。当分校に於けるそれらの点について述べる。

① 長所と思われるもの

ア 給食物資や備品、教具等を波止から分校まで運ぶ際、又は体育の授業に必要なマット、跳び箱、ゴール等の準備を中学生がしてくれる。

イ 中学生が小学生に親切にしてくれることで、正しい意味での優しい思いやりの心が小学生にも芽生える。

ウ　学校全体の清掃作業等が計画しやすく、作業がうまくいく。

エ　高度な学習生活をする中学生と接して、小学生の生活態度も自然と高度なものへ進展する。

オ　遊びでのスポーツ的チームが合同で作れる等があげられる。

② 短所と思われるもの

長所で述べたアからエまでの内容が全く逆になったときである。つまり、中学生の言動が悪の方向に向いている時である。このような状態の時は、小学生に非常に悪い影響を与えてしまう。例えば、荷物を運ぶのを嫌がり、弱い者に持たせようとする中学生がいると、これらの行為は、直ぐに小学生をも巻きこんでしまう流れを持っている。小中合同のチームを作らなければソフトボール遊びはできないが、その時のベース・バット・グローブ・ボールの出し入れの準備は、小学生にさせるといった行為である。下品な言葉使い、悪い行いをする中学生は、中学生の級友を相手にするだけでなく、小学生にも働きかける。教師に反抗する中学生は、小学生にも教師に反抗するように強制する。狭い島での事、中学生の悪い子は、小学生に凄みを利かせる。小中学生の腕力の差による上下関係、学年による上下関係は、教師と子供の上下関係よりも、もっと明確で鋭く非情なものがある。教師の指導よりも、小学生は彼らの誘いに乗らざるを得ない。このような時小学生は、教師と中学生の板挟みに合って苦しんでいるといえる。それをどうする事もできず、唯怖さのために中学生に従っているのである。多くの仲間が居り、広い町であれば、その中学生と顔を合わせなくてもよい日が多々ある。しかし、小中合わせて二十名程度、学校を中心に半径二百メートルの円の中に、全家庭が含まれる程の小さな集落である。服従しなければ、休み時間は勿論の事、放課後の遊びに至るまで、命令的に付き合わされるのである。

以上小中併設校の長所や短所について述べたのであるが、ようは中学生の質によって、小中併設校の児童生徒の生活態度は決まると言っても過言ではないようである。従って、小中併設校の場合、小中全教師の力を結集して、中学生の質を高めるために、指導を徹底すべきであると思う。極小人数学校では、そんな悪い中学生は、滅多に現れない。しかし、留意はしておくべき事柄である。

③　小学校教師として

小中併設の児童生徒の質を高めるためには、中学生の質を高める事と言ったが、私たち小学校教師の中学生への指導は限られており、問題行動場面での指導助言程度である。その徹底した指導（人間育成）は、中学校教師に任せるより外に方法はない。私たち小学校教師ができる事は、小学校教育を徹底し、子供の学習や生活に亘っての態度や行動を向上させ、その子供たちを中学校へ送り込み、中学校の質を高める事である。つまり、人間の真の意味の質的改造である。

そのため私たちは、子供の理想像として、

①正しさを追求する子に
②努力を惜しまない子に
③力とは暴力ではなく、人間らしさを知る子に
④助け合って前進する子に
⑤やがて郷土を良くしていく子に

の五項目を心に抱いて指導に当たっている。その甲斐あってか、子供たちは良き方向へ前進しつつあるように思う。やがて、この子供たちが、中学生の大部分を占めるようになった時、どんな小中併設校が生まれるか楽しみである。現在当分校の小中学生は、仲良く楽しく学校生活を送っているが、きっと、今以上に親切で仲良く明るく助け合う礼儀正しい小中併設校に変容し、立派な校風を生み出してくれる事と信じている。その校風ができるまでは、この分校にいて教鞭をとってみたい。

12　運動会

高島分校の運動会は、本校である野子小中学校に吸収されて催される。年一回の運動会で秋の十一月一日を目安に行われていたが、昭和五十四年から春の五月に行われるようになった。秋には、市中学校体育大会、修学旅行、読書感想文・画大会、スケッチ大会と、行事が山積されていて、子供の落ち着く間がなくなり、普通の学習に身が入らない状態が長期間続くことを避けるためであり、春は新入生の入学を始め、一学年ずつ進級し、学級的まとまりが要求されることから、運動会を機会に、集団行動の養成と協力の精神を培うにはいい時期ではないかとの考えからである。五月はやはり雨が少ない季節のようで、好天に恵まれる。当日は早朝より構内に、お菓子屋、衣料品店、作業用品店、果物店や、飲料水店等が出店を設ける。保護者は勿論、青年、幼児、老人に至るまで観覧する。観覧者の目的は、運動会を見て楽しむことであるが、見方を変えれば、買い物、休養、仕事からの解放、娯楽等、又それら全部含めた雰囲気を楽しむのが目的のようである。野子小中学校の運動会は野子地区の一種のお祭り的な要素を持っているのである。平戸の一番南端の文化的環境に恵まれない僻地の事である。祭り的要素が自然に生まれるのは当然であろう。

指導計画は、本校である野子小中学校の体育主任が中心となって立案するのが普通である。その計画案を本校分校合同職員会を一回開いて決定する。その計画に従って、小中別に（本校も小中併設の小規模校）、学年別に本校の教師が種目を決定し、本校の子供に指導する。

指導の途中分校と本校の合同練習を二、三日設け、分校の子供は、本校の子供の中に入って練習をする。分校の子供も教師も短時間で覚えなければならない事を心得ているので、練習は懸命である。この合同練習は運動場使用、講堂使用が、小中的、学年的、時間的に割り当てがされているので、練習日であっても、毎時間練習するという訳にはいかない。時間的・学年的に練習を待つ時間がある訳だ。こんな時、分校の子供は、本校の子供と一緒に、本校の子供の進度に合わせて授業を受けさせる。本校は単式学級である。分校の子供は、教室の後ろか、隅っこに机を用意して頂き学習に参加させる。そのため、本校に行く日は、運動の用意はもちろん、学習用具や上履き、水筒等を各児童生徒が持参し、渡海船に乗り、歩いて行くのだ。年度によって運動会の時期に風雨が多いと、練習に行くのは一回程で運動会を迎えることになる。悪天候の練習日はなかなか厄介である。朝からはどうにか練習に行く事が出来ても、帰りは風雨で海が荒れる時もある。「行きはよいよい帰りは怖い。」といった時も多々ある。それだけ心配も多くなる。だからそんなことを予想して、練習曲などをテープに録音して持ち帰り、分校でも精一杯真剣に練習させ、態度にしても競技にしても立派にできる子供に育てようと努力しているし、子供も悪環境にもめげず頑張ってくれる。

13　どうして本校で運動会をするのですか

教師や大人は、本校に行っての運動会は当然のように思っている。それは、本校に分校がくっついていると思っているからである。本校の教師は、運動会を主体的に考え、運動会までの諸準備をどんどんやってくれる。分校の子供や教師は当てにできないからである。分校も分校で、本校が決めた事柄に口を出したら、かえって問題が拗れる結果になることを知っていて、意見がある教師も口出ししようとしない。本校と分校の合同の行事の時は、本校の教師に、仕事を随分して頂いているという意識があるからである。本校の教師は「分校の考えをどうぞ。」と言ってくれるが、そんな時は、「子供が安全に行事に参加できるかどうかと考えた場合、この計画（種目・方法）は、危険なものだと判断できる事柄」についてだけであって、行事計画の基本的なものについての意見はなかなか出しにくい。それは、行事計画立案の過程で、分校教師は時間的余裕がないからであるともいえる。

しかし、幼い子供は違っている。分校の子供は分校で三百六十五日過ごして育っている。分校こそ、自分の学校であり拠所である。小学二年生の女の子が言った。それは、運動会の練習をして、疲れて本校から宮の浦漁港へ戻る帰路での事である。「ドウシテ本校ニ行カンバトデスカ。」私は答えた。「練習しておかなくては、運動会が上手にできないでしょう。だから本校の子供と一緒に練習するために、行かなくてはならないのですよ。」子供は又言った。「どうして運動会バ本校デセンバトデスカ。」「運動会は広い運動場がいるし、大勢でした方が楽しいでしょう。分校は子供が少ないから、本校に行ってするのです。」と答えた。すると子供は又言った。「分校デ分校ノ子供ト高島ノ大人タチト全部デ運動会バシタ方ガ楽シュウテ、キツウナカデス。」「ううん、高島の運動会も考えようね（高島だけの敬老運動会も行っているのだが）でもね、こんなきつい事が、大きくなってから、きっと役に立つ時が来るよ。頑張ろうね。」私にはこの子が、この言葉を言う以前に真意は分かっていた。子供には、分校、本校という格差はないのである。分校こそ、この子にとっては唯一の学校であり本校なのである。私は思う。年に一回でもいい、本校の子供が分校に来て、分校の子供と複式の授業を受けたり、行事をやったり、一日中過ごす、そんな事があってもよいのではないかと。しかし、一面このような悪環境で育つ機会があるからこそ、分校の子は、いや、僻地の子は根気強く、何事にもめげない、逞しい行動力のある人間に育ってくれるのだと思う。明後日も運動会練習の準備と、何時間分かの学習の用意をさせて、上履きと水筒を持たせて、渡海船に乗って本校へ、この子供たちを連れて行く事になっている。

14　学習発表会

学習発表会は、分校で行い、小中合同である。小ぢんまりしていて、普通学校では一学級にも満たない程である。極少人数の為次のような特徴がある。

① 全員十分といえる出場の機会や時間がある。
② マイク等は必要ない。
③ 台上ステージは必要ない。

④ 二時間程度の発表で十分である。
⑤ 島民の楽しみの一つである。
⑥ 個別指導で徹底した子供の可能性開発の機会が与えられる。
⑦ 子供に自信を持たせるための発表である。
⑧ 子供たちに積極性、協力性を育てるための発表である。

発表の内容としては、

① 展示発表（図工、習字、研究物、編物、縫物、彫刻等）
② 口頭発表（教科、道徳、合唱、合奏、感想文、作文、人形劇、劇、踊り、実験自由研究等）

方法としては、絵で、グラフで、ＯＨＰで、視聴覚教具を使った発表にしようと試みており、多角的に発表を工夫するよう努めている。初めの言葉は、小学一年生、終わりの言葉は中学三年生、進行係小中学生各一名、準備係中学生というのが普通の係の決め方である。案内状は西洋紙半分にプログラムを印刷し、もう一方の半分に、子供の手で自分の父母などに案内状を書いて出す事にしている。この方法を毎年繰り返していると、学年が進むに連れて、案内状の書き方が上手になってくるようである。学習発表会には、校長も喜んで来島し、子供の発表ぶりを見る訳で、「校長先生の言葉」を頂くことにしている。校長の言葉には、小学校の一年から六年までの全員が学年差を超えて、合奏、合唱、劇等をしたり、一人一人が個人差を生かした発表をしたりする事が、何ともいじらしく可愛い感じで、それらを称賛する言葉が多くみられる。高島ならではの研究や総合発表も、校長には好感のようだ。僻地の子供は、都市部の子供のように表現力が豊かでない事と、言葉使いに方言が入りやすいきらいがある。子供の学習発表会への取り組みは、教師の積極的な指導の姿勢如何にかかっている。教師が子供のために、懸命に努力し指導していれば、表現の豊かでない離島僻地の子供でも、積極的に練習してくれるし、向上心も高まって、立派な内容の発表をするものである。

15　見学旅行

僻地の子供には、見学旅行が是非必要である。子供は、自分の住んでいる僻地のことは知っているが、僻地より外に出た子供が少なく、生活経験が不足している。この事は、僻地に赴任してきた教師が一番初めに気づく事である。例えば、汽車を見たことがない。デパートに行ったことがない。青リンゴがあることを知らない等である。このような経験不足は授業がスムーズに進展しない原因となり、学習内容の理解が浅くなる結果となって現れる。そこで、授業の質を変えたり、程度を下げたり、多くの事物に対して写真や図書や諸資料等で説明を加えたり、調べさせたりの授業にならざるを得ない。都市部の子供が幼児の時代に経験した事柄が、まだ中学生になっても経験されていない事柄が多々あることを、子供に接すれば接する程知らされるのである。そこで離島僻地の学校教育には、子供の「生活経験調査」が必要であり、それが学習指導になくてはならない重要な役割を果たしてくれる事になる。私の分校でも、私が赴任して間もなく、子供達の経験不足を痛感し、国語、理科、社会の教科書を中心に諸事物を拾い挙げ、「生活経験調査」を実施したのである。この調査により、私達が予想していた通り、子供の生活経験の不足が学習にマッチした形で、より具体的に明確になってきたし、その結果、今後の方策として、全児童

保健行事のため渡海

生徒の見学旅行を毎年実施できれば実施することにしている。

さて、離島僻地校が見学旅行を実施するための計画を立てる段階で、問題となるのは費用である。全校児童十二名、中学生を合わせて二十名足らず、マイクロバスを借りればいいようなものでも、一人当たりの費用が五千円から一万円位、兄弟姉妹合わせて四人とか三人とかの家庭が多い僻地では、一家庭の出費は大変な額になってしまう。それに、小遣銭を加えればもっと高くなる。修学旅行は、三級僻地以上は全額補助となっているが、見学旅行については補助がない。そこで、考えられるのがマイカー利用である。対岸の宮ノ浦に置いている教師のマイカー利用である。教師のマイカーが利用できれば、子供をマイカーに分乗させ、見学場所回りを行うことができる。しかし、これには問題がある。若し教師が子供を乗せていて事故でも起こしたらどうなるか。この事について、明解な解答を持っている教師はいない。ここが教師の泣き所である。結局、事故のないように細心の注意を払って運転するより外はないということになる。「そんなにしてまで、子供に見学旅行をさせなければならないのか。」と教師たちは自問自答する。それでも、子供の見聞を広めるため、分乗計画を立て見学旅行の許可伺いをする。返事は不許可である。だからといって、費用の一部でも出してくれる訳でもない。最早、この段階で見学旅行は取りやめなければならない状態に陥ってくる。しかし、教師たちは、子供の経験不足の実態をいやが上にも知らされている。見学旅行をするためのよき方法はないものかとアイディアを出し合い話し合うのである。この間にも教師の頭の中には兄弟姉妹多くの子供を分校に出している家庭の父母の、仕事に追われた普段の顔が目に浮かぶ。全職員で話し合えばよい方策も見つかるものであり、教師の努力次第で、校外の人々の協力も得られるもので

船への乗り下りは大変だ

ある。そんな事で、赴任一年目は、日曜日に佐世保見学を見学先のマイクロバスの利用でさせて頂き、二年目になる時には、春休みに「ＮＨＫお国自慢西東」への出場を機会に市内見学をすることができた。三年目は市の観光課のバス利用で市役所見学ができたし、四年目には、九州電力のマイクロバスで佐世保の発電所やパン工場の見学をさせて頂いたのであった。どれも、先方の離島僻地の子供達に対する愛情と思いやりからの好意であることは言うまでもない。このようにして、毎年、よき方策を見つけてその必要性から見学旅行を実施して今日に至っている。見学旅行の実施は法律的には決められていない。しかし、高島等の離島僻地の子供の教育には必要なのである。離島僻地の見学旅行、それは、離島僻地に勤務する教師と援助者の、僻地教育に対する熱意と、子供への愛の結晶によって実施されていると言ったら過言であろうか。

16　修学旅行

分校の修学旅行は、本校の子供達と一緒に行われる。分校だけの二、三人の修学旅行も考えられない事はないが、費用の面、養護の面等から考えて、本校と一緒の方が好ましいと思うからである。本校は六年生だけの修学旅行であるが、分校は五、六年複式学級として参加する。六年生だけ二、三名で本校の子供の中に入っていると、寂しくて肩身の狭い思いをしがちである。そのためにも五年生を一緒に参加させ、人数を増すことにしている。それで、分校は二年に一回の修学旅行となる。五年生を加えても分校の子供は四、五名にしかならない。分校は、朝六時に波止を瀬渡船で出発し、対岸の宮ノ浦港に渡り、貸し切りバスに乗り込むのである。帰りはその道を同じように戻る。分校に着くのは夕方六時から六時半頃となる。

島の人々の修学旅行に対しての考え方は、都市部の学校と殆ど変わらないが、違っているのは、小遣銭や餞別である。学校では、小遣銭については諸事情を考慮して、一応その上限を決定して指導を十分にやっているが、表面上は決定通りのように振る舞うが、半数以上の子供が、オーバーなお金を持参しているのが常である。これではいけないと、分校の子供には出発の朝、波止で小遣銭の確認をして、オーバーなお金を持参していた者は見送りの保護者に返すように徹底したことがある。この時これで、決まりは守れたかに見えたのであったが、対岸に渡れば対岸に親戚を持つ子供には、それらの親戚等が、餞別をやるために子供に近付いている始末。これらの行為は、何も分校の子供にだけ行われているのではなく、本校の子供も同じである。子供が「餞別はいらない。」と言ったとしても、ポケットに押し込んで走り去るのだ。こんなことが毎年繰り返されているので、過去に修学旅行に行った卒業生や中学生は、「本校の子供は、お金を沢山もってきとったぞ。決まり通り持って行くもんは損するぞ。おいどんも、多く持って行ったぞ。」と言うように修学旅行が近付くと、悪い指導をしてくれる。

しかし、子供達が修学旅行の小遣銭を多く持ってくるのには理由が他にもあるようである。それは、離島僻地小島の高島は、交通の便利が悪く、品物の購入には苦労する。大人は、大漁等があると平戸、佐世保の商店街に出かけて沢山の品物の購入をする。島外へ出る時には必要以上のお金を持ってでる習慣ができてしまっているのである。生活経験が生んだ離島僻地なるが故の生活の知恵である。この生活習慣が修学旅行として島外に子供が出る時にも息づいているのである。それは、大人や保護者たちの買い物の注文一つ見ても明らかである。「隣のおばちゃんからネズミ除けになるおもちゃのヘビを買ってきてくれと言われた。」「長崎ではカステラを買ってきてと頼まれた。」「お母さんが、お父さんとお兄ちゃんのネクタイを二本買ってきてと頼みました。」等である。このように、島外に出た時に買い出す、あるいは遊んでしまうという生活習慣は、青年団の旅行についても言えることであり、それは漁師のくらしとも相まって、離島僻地の人々の身についているのであろう。

そうはいうものの、この修学旅行の時買い物を子供に頼む事は、見方を変えれば、親が子供を信用しての行為であり、子供は親から頼られているという結果でもある。都市部にありがちな大人と子供の間に疑いの入る余地がなく、明るく、立派な共同体としての島内の関係や家族関係が醸成されているからであろう。幸せというべきである。こんな訳で修学旅行帰りの子供は、買い物で一杯という場合も見受けられる訳だ。「学校は何をしているか。」と言われるかもしれない。街に出てデパートや専門店で品物を買った事のない離島僻地小島の子供には、こんな旅行の機会も、街で買い物ができるという経験も、学習であるし、加えて島の生活に役立つ修学旅行と言えるのではないだろうか。離島僻地小島の修学旅行、それは、私たち教師に、そこに住む人々の生活の知恵や力を教え、考えさせる機会を与えてくれているように思う。

17　クラブ活動

離島僻地の極少人数学校のクラブ活動において、その組織を細分化することは、到底不可能である。若し細分化したとすれば、細分化された一クラブの中に部員は一人くらいしか入ることはできないし、そのため「話し合って」とか「協力し合って」活動を進めるなどのクラブ活動の大切な目標を達成する事はできないのである。又、その組織の中に、リーダーが存在しにくいので、子供たちの積極性、自主性等がなくなり、教師中心になりがちである。極少人数学校でのクラブ活動は、一つのクラブで、月・学期毎に内容を変化させながら、その中に、各児童の希望内容を盛り込むようにして活動していく事になる。勿論、全員の希望内容が一致すれば、同一内容を一年間研究活動し続けることになるが。

活動に当たって先ず思う事は、分校の施設設備の不備であり、離島の自然の虚しさである。例えば、風が非常に強い。特にその風は台風なみである。そのため屋外で活動する内容はなかなか旨く活動できない。そこで室内での活動となるが、教室が非常に老朽化したりしていて、風雨や雪が入り込んできて子供の体を冷やす。教室にストーブ等の暖房施設はなく、唯、日常使っている古惚けた木造教室があるだけである。その教室の机や椅子を片付ければ、三メートル四方の広さにはなる。余りにも寒い時は、そこで押し競まんじゅうや天突き体操、輪投げ、マット運動等を工夫して活動させる。

「都市部の学校では、鉄筋コンクリートで窓を閉めれば、風一つ入ってこないのに。」と、子供を指導しながら、ふと、そのようなことを思い出す時もある。

離島僻地の極少人数のクラブに適している活動をあげると、海岸動植物の研究、貝殻を使った細工、船具、漁具漁法の研究、岩石の研究、ピンポン、マット運動、人形劇、詩、作文、読書、島の地勢、島の歴史の研究等であろう。又、高島分校のような小竹が生い茂っている僻地では、小竹の細工もいい活動になる。以上活動しやすいと思われるものをあげたのであるが、まとめて言えば、文化的なものは活動しやすく、ピンポンのような室内球技を除いて、体育的な活動は、人数的にも、能力差の面からも活動しにくいようである。又、冬季の活動は計画的な配慮が必要である。クラブ活動で作った作品が九州ブロック賞に輝いた。これは、子供たちのクラブ活動への意欲を盛り立てるのに十分であった。自主、自立、協力を合言葉に、恵まれない環境にあっても、子供たちはそれらを気にもせず、僻地にあるもの、できるもので、元気よくクラブ活動に取り組んでくれる。たとえ、施設設備がなくても、欲しいものが手に入らなくても、子供の工夫と全員の助け合いに依って、立派なクラブ活動ができる事を、子供たちに体験させてやりたい。

18 教育施設

大多数の学校には、運動場或は中庭に、ジャングルジム、ブランコ、シーソー、鉄棒、砂場、腕登棒、ポートボール・ゴール等の固定施設が備えられている。高島分校にあるのはブランコと低鉄棒だけである。ブランコは、三年前「平戸大橋開通記念NHKお国自慢西東」に出場させていただいた直後、ブランコも無いという事で、市が設置してくれたものである。鉄棒は、教師と子供の手で柱を作り立てたものだ。今は鉄棒の部分が腐食して使用不可能に近い。以前中学生用にサッカーゴール、ハンドボールのゴールを備えたのであるが、潮風に晒されるため腐食が早く、二、三年もすると使用できない状態になったとのこと。今度また中学予算でそれらのゴールを購入する事ができたが、これとて何年持つか、手入れ次第と言っておこう。手入れするには、サンドペーパー、エナメルペイント、シンナー、刷毛などが必要だが、費用が掛かり、その費用の出所がない。それは、本校と分校という学校として割り出せば、予算はある程度配当されるかもしれないが、分校の予算配当が分校の児童数に応じた予算配当という事になれば、分校の子供は小中合わせて二十人足らずであるから、二十名分の配当で分校（分校も小さくはあるが一つの学校である）施設設備を整えようとしても予算不足は明らかである。運動場は生徒数に比べれば、広いが、運動の種目内容、例えば、球技、走、投などからの必要な広さを割り出せば、離島僻地高島分校の運動場は狭いことになる。難しい予算だ。

サッカーゴール、ハンドボールのゴールを始め、それらのゴールを運動場に置き去りにしたら、次の体育などの授業がやりにくい。そのため移動式にしているが、これが問題である。島は風雨が物凄く強烈で、一旦風雨になると、風と共に潮雨が降り狂い、サッカーゴールを始めそれらの施設設備はバタバタと倒れ転がる有様である。運動場は常時島の人の通路にもなっている上、島の唯一の遊び場でもある。危険で運動場には放置しておけない。極少人数の児童生徒では、それらの体育設備を体育時間毎に運び出す仕事も、普通の学校では考えも及ばない程難しいことである。離島僻地校の施設設備の維持保管、又それを活用するための操作は非常に大変な事柄と言ってよい。運動場の周りにツツジ、イチョウ、サクラを植えたことがあるが、ようやく根付いて大きく成長しようとしていると、風で枝が折れたり、根こそぎ倒れたりして育たない。運動場の南の辺りには小竹の竹藪があるので、その近くは風が当たらないから、植木が育つだろうと思っていたが、北風を始め狂った強風に煽られて、やはり育つことができなかった。とにかく風が強い。

一方、室内の施設設備を見ると、理科室、資料室、視聴覚機器室、音楽室、図工室、家庭科室、保健室、講堂等何一つ備わっていない。理科備品、音楽楽器を始め、各備品は、各教室や短くて狭い廊下に置かなくては置き場所がない。唯一、二坪程の部屋があるが、図書室、保健室、視聴覚室として使用しており、なかなか大変である。各教科備品に加えて、近年視聴覚・電気機器備品が各学校に増えつつある。

高島分校とて同じである。それらを購入しても保管する場所がなく困っている。これらを解決するためには、離島僻地に合った、新しい構想から生まれた校舎の建設が急務であるように思う。

19　卒業式

卒業式は、海を渡って本校で行われる。卒業式の練習のため、本校に行くのが一、二回程度である。たった一人の卒業生であっても、卒業生を送るのは、やはり全員で祝って送りたい。又、普通学校は、小学三年生までの低学年は、前日お別れ会等を催し、卒業式当日には出席させないのが普通になっているようだが、当校は、普通学校と違って本校自身も一学級二十名程度の小規模校のため小学一年生より中学三年生までの全員を集合させないと、会場が寂しいこともあって、小中学生全員参加の建て前をとっている。しかし、だからといって、分校の一年生から引率して行くのは大変である。好天に恵まれれば別であるが。したがって、分校だけは一年から三年までは家庭学習となる。卒業式の式次第は、他校とあまり変わらない。しかし、卒業式に因んでの問題は、毎年決まって次のようなものがある。

第一に「君が代」の問題である。校長は校長の立場で卒業式や入学式には「君が代」を歌うよう職員を説得しようとする。これに対して、ある教師たちは、「君が代は歌うべきでない。」「君が代の『君』は君主制の意味で使われてきたし、君主（天皇）を表しており、国民を表してはいないので、今の時代にマッチしない。又、軍国主義に繋がるし、歌詞も子供には難しく分かりにくい。」等と主張し譲ろうとしない。これに対して、「文部省の指導書には、式の時には君が代を歌うのが望ましいと言っている。君が代は国歌と思われるので歌うのが当然である。君が代の『君』は、現代的に、君、あなた、私と解釈すれば、それでいい。又、『君』を天皇と解釈しても、いいのではないか。現憲法下では天皇は国民の象徴であるので、天皇は国民と置き換えることができるので、君が代をそのまま歌っても差し支えないと思う。君が代は、平和な時にも歌っていたのだから、直ちに軍国主義につながるというのはおかしい。歌詞についていては、いくらか難しい点もあると思うが、小学一年生より毎年歌っているると学年が進むにつれて、内容の理解はできてくると思われる。世界各国の国歌と君が代を比較すれば、君が代ほど、平和的な国歌はない。」等と校長は説得を続ける。一方、ある教師等はこの両者の主張合戦を時間を持てあましながら聞かなければならないことが多い。これらの教師は、先に述べた両者の主張を一面もっともな主張だと理解する事ができる唯一の現場教師なのかもしれない。そしてそれら第三の教師たちは、「君が代は、指導書からいっても、校長が言うように歌わせる事とし、指導に当たっては、君が代の今日までの歴史的背景を内容に加えて、指導することにしたらよい。君が代に代わる新しい歌が新しい国歌としてできるまでは、君が代を歌うべきだ。」と主張することとなる。

第二に「螢の光」と「仰げば尊し」の問題がある。螢の光は「歌詞が現代に合わないし言葉が難しい。」と主張する。一方、「螢の光の意味するところを、子供達はきちんと、捕らえるものであり、大人になってからの良い思い出となり得る。」との主張もある。

「仰げば尊し」については、「教師は職業として給料をもらって指導しているのだから、歌詞のように、恩着せがましく、子供に歌わせることはできない。

『身を立て名を挙げ』のところは、立身出世を意味し現代に合わない。」と。一方「仰げば尊し」は、「師弟同行の精神を歌ったもので、教師と子供とが信頼し合い、一体となって、一生懸命学校生活を過ごしてきているならば、自然とこの歌の意味が分かり、良さが分かってくるのではないか、又、ぜひ歌いたいという気持ちも出てくるのではないか、日頃子供と教師がかけ離れていない学校であれば、子供も教師も歌いたい心情にかられるのではないか。」等の論議である。

第三に、「日の丸」問題がある。これは「君が代」問題と殆ど変わらないが、ここでは沖縄戦の時の問題が出てくる。いわゆる戦争の時の悪いイメージとしての日の丸である。「人間が戦争を起こし、日の丸を駆り出して、人間が戦争をして、人間が悪いことをしてしまった」のに、「日の丸が戦争を起こし、日の丸が人間を駆り出し、戦争をし、日の丸が悪いことをしたのだ」と、受け取られるような主張もある。

以上、卒業式には、毎年のように出てくる問題を挙げたのであるが、この問題が都市部の学校だけでなく、離島僻地の学校にも展開されているのである。もしも日本人でない人がこのことを聞いたら、「日本という国はどうでもよいような不明確な教育行政をしているな。」とか、「日本という国は、どうでもいいような教育行政に陥っているな。」と思うだろう。この三つの問題が、職員会を長引かせて、行事の内容や行事のための事前事後の仕事や指導を、疎かにしてしまってはいないだろうか。

現代を過渡期の時代という人もいる。そのような時代は、校長始め教師たちは、教育の方向を明確に捕らえられないままに、子供に教育を施さなければならないのであろうか。

卒業写真撮影は、本校で本校の子供と一緒に撮影される。この時は、光線の関係で朝の九時頃撮影されるのが普通である。分校より卒業生と職員全員、本校へ出かける。分校の五年生以下、中学の二年生以下の児童生徒はその時間全員家庭待機となる。只、写真を一枚乃至二枚撮るのに二、三時間の授業が欠課なのだ。分校は分校だけで写真屋さんに来て頂いて、分校で撮影するとか、何か工夫がないものかと思うのだが、毎年地理的条件や人数的条件並びに写真構成等の問題があり、なかなか思うようにはならない。本校で撮影する事は、色々な面で非常に効率的である。だから、卒業式にしても、卒業写真撮影にしても、本校で行うということは、分校に課せられた運命なのかもしれない。それは、ちょうど日本の政治が東京で行われるように、何時も大きいものが中心で、小さいものは、大きいものに吸いこまれてしまうのであろうか。そこには、小さいものの自主性や生命をも、あまりにも疎かにされているようでならない。分校の子供達には何の罪も責任もないのである。僻地の小島に生まれた、唯それだけなのである。

20　草との戦い

体育指導には、運動場が必要である。たとえ離島僻地の学校とて同じである。特に走ることと球技をする場合は、広い運動場がいる。いかに狭くとも一回り走る位の場所が必要であるし、ソフトボールやサッカーらしいものを指導しようとすると、ある程度の広さがなくては指導しにくい。しかし、それだけの広さを極少人数の児童数で除すると、児童生徒一人当たりの運動場の面積が非常に広く普通の学校の何十倍となることが多い。このこと自体は好ましいことではあるが、これには一つの問題が付帯している。それは端的にいって草取りに追われることである。普通の学校では、草取りに追われる等といえば笑われるだろう。多数の児童生徒で運動すれば、運動場に草等生えることはない。それどころか、生えていた草も、踏み潰されてなくなってしまうものである。しかし離島僻地の運動場は、そのような草を踏み潰すこと等は全く考えられない。踏み潰すより先に運動場一面に草が生え成長する。掃除の人員配当でも、普通の学校だったら一学級は配当されるところだが、高島分校のような極少人数学校では、一、二名の配当である。掃除の時間にどれだけの運動場の掃除ができるだろうか。ゴミを拾うだけで精一杯で、草取りまでは到底できない有様である。そこで時々、全校児童生徒で運動場、中庭、玄関近く等の草取りをするのだが、草を鎌で刈り取る程度で根まで取り去ることは技術的にも労力的にも難しい。全校草取りをしたというのに、一雨降るか一週間も経つと草が息を吹き返し、草草草の運動場になる。私たち教師も、中学校の体育の教師を中心に、空き時間を利用して、鎌で切ったり、草刈機を背負って切ったりするのだが、「権兵衛が種蒔きゃ、カラスがほじくる」という諺があるように、刈る一方から直ぐ芽を吹いて成長してくるのには驚くばかりだ。又、この頃流行の農薬を散布したりするのだが、離島僻地の水には塩分が含まれているせいか、費用の割りには効果がないようである。一年に一回は部落の青年婦人部に奉仕して貰っているが、根まで取り除くまでには至らない。何かよい方法はないものかと、いつも思うのだが、これといった策が見つからないのが残念である。

先の内地留学の時、東京都の学校では、運動場をセメントやアスファルトで全て舗装していて一握りの土を捜しても見当たらない学校を拝見させて頂いたが（土にしておくと土がなくなって運動場が凹んで運動されなくなるとの理由）。そんな都会の子供達は、離島僻地の草との戦いという悩みを何と感じるだろう。離島僻地の子供達をセメントの運動場で精一杯走らせ、都会の子供に離島僻地の運動場の草取りを満喫させてみたい。早三月五日の啓蟄も過ぎた。太陽の輝きも益々強くなり、気温も上昇していく。季節の変化を一番早く自分のものにするのは、離島僻地の運動場の草である。これからが高島分校では、本格的な草との戦いが始まる。

21　給食

私の分校の給食は、カンパンと脱脂粉乳だけの給食である。カンパンと脱脂粉乳と言えば、終戦直後の給食である。当時日本は食料不足のため、子供は栄養失調が多かったと言われる。子供を救うため、アメリカ、カナダ等より、脱脂粉乳やメリケン粉を援助物資として、学校給食が始められたのである。これが、戦後の給食の始まりであり、カンパン脱脂粉乳給食の始まりである。私も昭和三十年四月教師として初めて長崎県東彼杵郡宮小学校に赴任したのであるが、その当時の給食が脱脂粉乳とカンパン給食だったと思う。それから間もなく脱脂粉乳とパン給食になり、その後、ビン入り牛乳とパン給食になり、その後、おかずもプラスされるようになって、今日の米飯給食に変遷している。

脱脂粉乳は非常に飲みにくい。私も子供の前ではあるし脱脂粉乳を飲まない訳にはいかず、アルミニュームの食器一杯飲んだところが、下痢を起こしたこ

給食はカンパンと脱脂粉乳

ともあった。ある女教師は、粉乳を飲んだために、胸がむかつき、頭が痛く下痢されて、病院へ行かれたという話を聞いたことがある。子供の粉乳消化力と大人のそれとを比べれば、大人になる程弱くなるという。だから、子供の前とはいえ、そんな症状が現れるのなら、飲まなければいいのにと思われるかもしれない。しかし、子供の中にも飲みたくない子が何人もいるから、飲まないでよい事実を作る結果となり、何人もの子供がそれにあやかって、飲まないようになるのを恐れて、教師は無理を承知で、教室では飲んでしまうのである。こんな所が、教師と他の職業の人々と違うところであろうか。その脱脂粉乳とカンパン給食そのものが、戦後三十年以上経っているというのに、未だこの離島僻地高島には存在しているのである。

昭和五十一年四月この分校に赴任してきた時は、全く驚いてしまったのであった。煤けた分校の台所で、生では飲料水には使用できない水を利用して、脱脂粉乳を風呂釜のような五右衛門釜で沸騰させ練っているのである。給食のおばさんは、煙突が壊れているため煙に囲まれての作業だ。私にはそれが異様に思えてならなかった。しかし、その作業は、現在も同じおばさんの手で続けられているのである。

離島僻地の給食が何故、脱脂粉乳とカンパン給食になっているのかというと、人口が少なく、風雨で時化の日も多く、定期船がないからである。もし、普通給食を本島の宮ノ浦港から運ぶとすると、漁船や瀬渡業者等に依頼しなければならず、依頼したとしても、天候次第で往来が左右される事は明白である。このような事が食品衛生と計画性をモットーとしている学校給食には、不適当であるとされるのである。では、悪環境下の離島僻地にも、どうかして、もっとましな給食ができないものかと、可能な給食の条件を探してみると、

1 保存が利くものであること。
2 毎日欠かさないでできるもの。
3 水事情もあるので、簡単にできるもの。
4 費用が少ないこと。

等が挙げられる。以上の条件に適っている給食となれば、やっぱり脱脂粉乳とカンパン（ビスケット）給食ということになるようだ。これは一か月分をダンボール箱に詰めて、学校に送っておけば、天候に関係なく、毎日給食させる事ができる。効率や経済面からは申し分ない給食の方法なのかもしれない。しかし、一方中身はどうであろうか。現在の食生活は、離島僻地といえども戦後のそれとは比較にならない程改善されている。島にある唯一の店には駄菓子を始め、保存食品（インスタント食品）等も売っている。それらを買って食べる者はいても、脱脂粉乳やカンパンを買って食べる者はいないであろう。脱脂粉乳とカンパン給食は、現在の子供の食生活には、あまりにもかけ離れているのである。私たちがカンパンを食べるように何度指導しても、子供達は食べようとしない。家に持って帰ってネコにやったり、幼児のおやつにしているようである。給食調査を毎年のように実施しているが、結果は同じである。一週間に一、二回脱脂粉乳とカンパンというのなら食べるかもしれないが、一年中である。いや、小学校一年から中学校三年までの九年間同じ脱脂粉乳とカンパン給食だ。この頃は、教師の申し出によってチーズやジャムが付いてくるようになったものの、「残さず食べようね。」と言うのが無理である。従って、給食終了後各家庭に帰して栄養補給させている状況だ。普通の学校では米飯給食が叫ばれ、多くの学校で実施されつつある時代だ。せめて一週間に一回でもいい、普通のパンやうどんの給食を食べたいというのが、離島僻地高島の子供達の切実な願いである。運動会練習の時には本校に渡るため、米飯給食が食べられる。子供達は、その時が一番の楽しみである。

第三章　高島の家庭教育

高島の家庭教育を一口でいうと、放任主義で、家庭教育という意識は全くないと言っていいのではないだろうか。

1　幼児教育

先ず幼児教育を見ると、①子供が生まれる。②その子が少し歩くようになる。③少し走ってもこけないようになる。この間、約二年間は家族や親戚で子守をしている。満二歳になった頃から、家族や親戚の者は、子供を自由に遊ばせて漁に出たり、波止で網繕い等の仕事をする。親は「学校で遊んでおけ。」「波止なんかに来るんじゃなかばい。」と言い聞かせて、学校で遊ばせようとする。幼児たちは、時々二、三人程度、学校に玩具や棒切れを持って遊びに来る。それは運動場といわず、廊下といわず、教室までも話しかけ、遊んでは、声を、そして顔を出す。幼児の遊びは、大人の考えも及ばない程の種類が創り出される。四、五歳になると学校にノートと鉛筆を持ってきて得意げに私たち教師に見せる。何か私たち教師の言葉を待っているのだ。私たち教師が、そのノートを手に取って「あら、上手ねぇ、K子ちゃんはこんな字も書けるのですか、えらいねぇ。」等と言うと、K子はまだ書きえるっちゃん。」という具合で、それも、廊下を机代わりにし、足は一段下のセメント廊下に投げ出して勉強ごっこが続く。幼児本人は、真剣に勉強しているつもりであり、自分が上手に書けることを、そしてお利口だという事を、私たち教師に認めてもらおうとしている。私たちも見るに見かねて、幸い教室の隅っこに机が二、三個空いている。この子たちが静かにするようであれば教室に入れて、教室の隅っこででも机につかせて字を書かせようと、「Bちゃん、この机で勉強しなさい。セメントは足が痛いでしょう。廊下はみんなが通る所だから、教室でしなさい。」と言うと、幼児たちは喜んで「ううん、静かにするもん。」と言って、教室の隅っこの机で勉強することになる。教室の中では、学年に応じた複式学級の授業が行われているのだから、今、複複式学級になった感じである。幼児は字や絵を描いたり、授業を見たり聞いたりしているが、長くて五分も経たない内に、教室にある物の中で興味あるものを「あいは何ばするってすか。」とか「こいは、なんですか。」等と尋ねかける。時には立ち回っていろいろなものを見て回ったりする。そのうちに私たち教師と授業を受けている子供は、この幼児たちが、そろそろ授業の邪魔をしていることに気づく。そして、「やっぱりこの幼児を教室に入れるべきではなかったなあ、幼児はやっぱり幼児でしかないなあ。」と教室に入れたことを反省し、「この幼児を教室外へ出さなければならないなあ。」と思うようになってくる。丁度その頃、幼児も教室にいることに飽きが来ているので、教師が声を掛けるまでもなく、教室外に自分から自然に出ていくのである。外では又ままごと等をして遊ぶことになる。時にはあまりにも教室近くで大声を出して遊ぶので「運動場の方で遊びなさい。」「授業の邪魔になるからね。」「お兄ちゃん、お姉ちゃんが困るからね。」という事で遠ざけることになる。しかしもともとは、両親は漁に出たりして家にはいないのだ。この高島では学校の運動場を除いて、幼児が安全に遊べる広場や幼稚園等はない。その上両親から「学校に行って遊べ。」と聞かされているのだ。幼児は学校を中心にして遊ぶしかない。しばらくすると、前に注意された事など幼児に残っているはずがない。又教室近くで、私たち授業しているものに甲高い声を聴かせてくれるのである。これらは、都市部では見ようにも見られない、実に人間的に豊かで微笑ましい幼児と学校との関わりである。こんな地域と学校との人情味のある結びつきは、明治初期の日本の学校にはあったのではないだろうか。現在の学校はそんなゆとりある関係はどこにも見られないようだ。

以上でも分かるように、島の幼児の家庭教育は二歳頃までで、それは唯大きく育てるだけのものである。二歳を過ぎると「学校に遊びに行け。」という事になり、学校で見慣れ聞き慣れの幼児の生活が始まるのである。一言でいえば放任主義である。しかし十六軒ある島の家庭の内、二、三軒は幼児が学校入学直前頃になると、幾らかなりとも「平仮名や数字」を習わせようとする傾向が見られ、幼児自身も今度から学校という言葉に誘われて、文字を習い始める事もあるが、文字といってもそれは自分の名前程度であり、都市部のそれとは、質・量共に全く僅少であって、その教育は親も子も気まぐれであり、計画性に乏しいものである。その他の家庭は「勉強は学校に行ってから。」という事になる。

2　小学生の家庭教育

小学生の家庭教育について述べよう。幼児の家庭教育が放任的であることを先に述べた。それは言い換えれば、幼児の自由な生活であり、集団の決まりに束縛されない生活である。この事は、幼児が集団生活のルールを知らない個の生活をしているという事である。自分の好きな時に家を出、自分の好きなあそびをし、自分の好きな場所で過ごす。履物を履いたり履かなかったり、服を着たり着なかったり、誰の制約も受けずに、野生の動物のように自由奔放である。このように育った幼児は、学校へ入学しても、その生活態度は急に変化するものではないし、入学当初から机にじっと座って居ようとせず、たちまち、立ち回り、自分の気に入った学習を断片的にしかしようとしない。少しでも机に座らせようとすると、家は一分程で帰れる近くにあるので、直ぐに帰ってしまう。「字を書きましょう。」と言うと「書きたくない。」と言う。絵を描いているときは、「もう、やめるっちゃん。」と言ったり、算数や国語の時までも

「絵を描くのだ。」と言っていう事を聞かない。教師が都市部の子供のように説得がましく「ダメですよ。」等と言うと、「おりはダメでもよかばい。」等と我儘を言って教師の手を煩わせる。こんな状態（態度）は学年が進むにしたがって正常な方向に変容されてくるが、中には中学生になっても、そんな気分を何処かに持っている生徒もいるようである。とにかく集団生活に慣れていないのだ。それらの子供を、小学校生活に適応させていく教師は並大抵の苦労ではない。離島僻地小島は、児童数が極少だから、どうにでも指導できると思われがちである。しかしそれは、こんな面でも当たらないことがある。幼児の項で述べた「学校へ行って遊べ。」は、唯遊ぶだけを願っているのではない。それには両親の学校へ行けば安全である（人目がある。僅かでも医療が整っている）事をも含んでいるように思われる。

「学校で遊べ。」からも窺われるように、小学生は「学校で勉強しろ。」という事になり、家庭での躾も学習にしても、放任的で、小学生の家庭教育等といわれるものはない。子供が学校へ登校する時間には親は既に漁に出て不在、子供が学校から帰宅する頃も、親は網繕い等の漁の仕事で不在という事も多く、子供は朝から夕方まで放り出されているといった状態もある。又、夜に親が子供に学習を教えようとしても、昔両親が習った勉強より変わった内容が多く、教えにくい家庭もあるやに聞いた。忙しいのと難しいのとが相まって、「勉強しろよ、宿題したね。」とは言っているようだが、子供の教育的なものは「学校で。」という島の両親の考え方や態度が慣習化してしまっている様である。

3　手伝い即家庭教育

一方、高島などの僻地では、子供を一つの労働力としている面が多々見られる。中学生は無論の事、小学生、それにちょっぴり活動力のある幼児までも、家庭の漁にちなんだ仕事や家事を手伝っている。船を動かしたり、網手繰りをしたり、延縄の釣り針に餌をつけたり、ウニ割りをしたり、漁の手伝いは数えきれない。それに、都市部と違った、毎日の炊事も大変な仕事量で労力がいる。魚でも野菜でも漬物でも、全てが一から十まで自分の家で作り料理するのである。都市部のように、食べるだけに料理されたものを買って食べるという事はないのだ。このことは、僻地に勤務している教師の毎日の食事とて同じであり、教師自身が手料理しなければならないという事である。とにかく、一から十まで家庭で作って食べる事になるのだから、子供は炊事の仕事も手伝う事になる。私たち教師から見れば、島の生活そのものが、毎日毎日、食べるために親も子も働き続けているといった具合に見える。従って、都市部のように教育ママがいて、家庭教育を計画的に施す事は皆無のようだ。若し強いて言えば、今まで述べた諸仕事の手伝いが、広義に解すれば、唯一の家庭教育であるという事ができよう。離島僻地の家庭教育、それは今後確立していかなければならない重要な課題の一つである。

4　青年の健全育成

島の青年の一日の生活の大半を述べると次のようになる。先ず朝から漁に出る。昼過ぎ帰ってくる。それから漁具の手入れをし、終わると各家庭でテレビを観るか、青年だけ集まって夜遅くまで遊び更ける。季節と潮の干満によって、多少時間のずれる事もある。青年の遊びから、主題に迫ることにしよう。

青年の遊びは、

①自転車を乗り回す。

②ラジカセで音楽を鳴らし、歌う。

③ソフトボールやピンポンをする。

④ゴルフの真似事をする。

⑤ボウリングの真似事をする。

の五種類位である。

次にそれぞれの遊びについて述べる。

①自転車を乗り回す。

島に二台しかない、それも破損したものを修理して使用しているのだが、それを、海岸と言わず波止と言わず、運動場と言わず、交代で乗り回すのである。道を乗り回されると、島の一メートルに満たない道は、一輪車一台がやっと通れるくらいの幅なので、歩く者が危険を感じて避けることになる。自転車乗りは、夜も行われることがあるので、なかなか厄介である。時には、体育の時間にも運動場を乗り回す時もある。そうはいうものの、島には、バイクを乗り回してストレスを解消するような道もなければ広場もない。陸上での乗り物は、自転車が二台あるだけの島だ。島の道は自転車で一分もあれば一周できる程の道である。青年のエネルギー発散の場所はそんな所にしか無いのである。彼らの気持ちが分かろうというものだ。

②ラジカセで音楽を鳴らして遊ぶ。

離島僻地には、台風時の必需品として、又映画などの娯楽施設が全く無いため、全家庭ラジカセを所有している。青年たちは個人的にも立派なラジカセを持っている者が多い。ラジカセは停電の時も利用できて非常に便利である。青年は昼夜を問わず暇の時はラジカセを鳴らしている。家にはステレオを持っている青年もいるが、ステレオは移動性がないため家庭での利用に留め、移動性のあるラジカセの利用が盛んである。波止で鳴らしている音楽も、昼間はあまり聞こえないが、夜間は非常に響き亘る。夜の九時十時といえば、各家庭は明日の仕事のために床に就く時刻である。又子供は、明日の学習準備を整えて床に就いている頃だ。そんな時刻まで、平気で音楽を鳴らし屯して騒ぐ時もある。決して悪気はないのだが。加えて投げ玉花火まで、ドンドン、バチバチ、シュルシュル投げつけて遊ぶ。特に夏場が多い。波止近くの各家庭は、喧しくて、明日の漁に行くのに影響するとブツブツ小言を言っているが、自分の子も何時その仲間に加わるか分からない事を思うと同時に、島の各家庭が何らかの関係で結ばれているせいもあってか、なかなか注意しにくいようである。

③ソフトボールで遊ぶ。

ソフトボールは、正式には十八名の人数が必要である。しかし青年だけでは六名しかいない。又、女子は島外に出ていない。そこで中学生や小学生も一緒になって、ソフトボールをして遊ぶのである。勿論。それでも人数が揃わないし、運動場の幅が狭いので、塁は二塁までである。小中青合同でソフトボールをする時は、小学生がピッチャーをし、小学生の低学年にはスローボールを投げることになる。こんなソフトボールのやり方では、青年や中学生は物足りないのであるが、この島では、そうしなければソフトボール遊びができないのである。だから、こんな合同のやり方が常識化していて、何も不思議とか変なものとかの意識は、全員が全く抱いていないのである。それに男女混成であり、各チーム九名の計十八名になることは殆ど無く、いつも各チーム三、四名は人数不足のチームとなる。時には私たち教師も加わり、「なんと楽しい島の生活ではないか。」と思いながら、一時を過ごすのである。

④ゴルフ遊びをする。

運動場をゴルフ場にし、ゴルフのクラブは木や竹で手作りし、それぞれの格好の違ったクラブを持ち、海岸に流れ着いたゴルフボールでゴルフ遊びをするのである。正しいルールでするわけではない。自分たちが拾ったボールを穴に入れるだけのものである。時には私たちも楽しむのである。遊ぶにも遊ぶ所がない離島僻地である。これらは実に楽しい一時である。

⑤ボウリング遊びをする。

運動場でボウリング

ボウリングといっても、正式のボウリング等島にあるはずがない。古いボールを一個青年たちが持ってきて、運動場で転がしていたが、それが自然にジュース缶を十個ボウリングのピンのような形に立て、それを狙ってボールを投げ、ジュース缶を倒す遊びである。これも遊ぶ所のない僻地小島ならではの遊びである。実際にやってみると実に楽しい遊びである。青年たちの漁の仕事がない時といえば、必ずしも放課後とは限らない。小中学生が未だ学習している時間でも、青年は潮の関係で暇な時も多々ある。そんな訳で、授業中でも運動場で行われる。教師はボウリングに気を取られがちる。

な子を宥め賺して授業をすることもある。このような授業中での行為は何もボウリングに限った事ではない。先に述べた自転車乗り、ソフトボール、ゴルフ遊びなどが授業中行われる場合がある。離島僻地でない他の学校では考えられない光景である。

授業中青年の遊びが運動場で行われる理由は、第一に青年が遊ぼうにも遊ぶ場所がなくやむを得ず、運動場を使わなければならない事。第二に小中学生の体育をする人数が一名から多くて五名位の人数である。そのため、体育といっても、運動場全体を使用しなくても、運動場の限られた場所で運動できる種目があり、運動場の半分くらいは空いている時も多々ある。その空いている方の運動場を青年たちが使ってきた歴史的な背景がある事。第三に僻地小島の「使われるものは使え、空いているものは利用せよ。役に立つ物は捨てるな利用せよ。」という、生活の質素で堅実な生活習慣がある事等によりと思われる。だから、青年も分校の一学級で、運動場を二学級で使っているという事ができる。その方が、この遊び場所の無い僻地小島には適しているし、青年を始め島の人々の幸福に繋がると私たちは思っている。僻地小島の青年は青年といって

クラブでのインタビュー

も、年が若く、高校生程度の年齢である。離島僻地は都市部のように人的交流がなく、遊び場所や研修場所等が全くないのだ。文化的環境にも恵まれていない。私は青年の気持ちがよく分かるような気がする。青年の気持ちに同調したい気持ちで一杯である。これら青年を健全に育成するためには、先ず青年への思いやり、社会教育的な手を差し伸べることだと考える。いわゆる、青年を組織的に教育していくシステムの必要性を強く感じるのである。文化活動、スポーツ活動、レクリエーション活動の組織化だ。これらの活動を推進する事によって、実は素朴で善良な彼らの有り余るエネルギーを発散させ、彼ら自身の成長発展と島の将来のために努力する心と態度を培う事ができると思うのである。

5　地域の文化活動

①文化活動を妨げているもの

島に文化活動の推進を強く感じている。現在この高島には、文化活動としてあげられるものは皆無である。ＰＴＡの文化活動、婦人部、青年部、壮年部の文化活動、趣味、娯楽活動等全くないのだ。尚又、この僻地小島に一番必要と思われる漁法、漁具、船舶関係の研修会も催されていない。私はこの文化活動が、何故催されていないのか不思議に思い、又それが子供の教育に、何らかの影響を与えているのではないかと考え理由を拾ってみることにした。

第一に、助け合いの風習があるのと同時に、一面、個人的な事がある事に起因している様である。

僻地に住んでいると、交通不便という重い環境の中にあっては、最小限必要な公共的仕事を除けば、自分自身の生活は自分自身で守らなければならない。時化で不漁の時、磯に出てミナやカタガイ（マツカサガイ）を捕る仕事にしても、ヒジキ、テングサを採るにしても、良漁場へ駆け込むにしても、人より早くそして多く活動しなければ、自家の生活は安定しない事を、島の人々は過去の経験から体得している。このような意味でも個人主義で、それを守っていくのが風習であり生き方であるように思う。そんな生き方が、贅沢と思われる文化活動を阻害しているように思うのである。

第二に、文化活動に出席するよりも、漁に出て金を稼いだ方がましだとの考えである。

島の漁師は、ゴチ網をする者、仕掛け網をする者、延縄をする者、一本釣りをする者、それらを混ぜ合わせて漁する者等様々である。従って、思い思いの漁法を個人的に研究している様であり、全体で集まって文化的な会合を開き活動すること自体無駄であるという考え方である。それらの会合よりも自分の必要な漁や研究をした方が、自家の生活の安定に繋がるとの考え方があるからであろう。

第三には、文化活動を計画したとしても、リーダーや指導者がいない事である。

小さな小島の人々も、全く文化活動を否定しているわけではない。婦人部にしても「生け花を習いたい。」「編物を習いたい。」「自動車の運転免許や漁法を習いたい。」という希望がわずかではあるがある。しかし、離島僻地であるため、習いに行くには遠すぎるし（自動車運転免許の取得には島外へ出ている）指導者を島に呼ぶには費用が掛かりすぎる。それかといって島内には指導者もいないし、リーダーらしきものも現れにくく、ドングリの背比べである。とにかく、離島の文化活動は旨くいかないのである。しかし、旨くいかないからと、僻地の文化活動を皆無にしていいのであろうか。私はそうは思わない。僻地の後進性を打破するためにも、又、大人の学ぶ姿が子供の教育にプラスする面からいっても、僻地の文化活動の必要性を痛感するのである。

②文化活動の育成

では、どのようにしたら、島の文化活動が育成されていくのだろうか。

第一に、この島に必要なものを必要なだけ継続的に取り入れることである。先ず漁についての知識と船舶並びに無線についての知識技術を習得したり、船舶や自動車の免許証を取得するための活動であろう。又、婦人部では料理や生け花講習会もいいと思われる。

第二に、教師の援助によるリーダーの養成である。

僻地にはリーダーがいない。小学校時代から友達同士である。そこには仲間意識はあるが平等であり、リーダーが生まれる条件が備わっていない感じがする。又、その活動計画を立て活動を手助けできるものは教師であろう。教師は都市部のように子供の学校教育にだけ精を出せば良いというものではないと思われる。僻地の教育は、子供を取り巻く僻地の環境を変えなければ旨くいかない。中でも人的環境を内面から改造していく事が、どれ程子供の教育にプラスになるか計り知れないものがある。このことを僻地に勤務する教師は理解し、人的環境の改善活動、つまり島民の文化活動に、協力や援助できるところがあれば積極的に手を差しのべるべきであると思う（現在中学理科教師は青年に船舶無線の指導をしてくれている）。文化活動が盛んになれば、青年を含め大人たちの向上心が芽生え、仕事の面でも、人間的な面でも成長発展が期待できる。又子供たちは、自ら学び向上している大人たちを見て、学習や生活に根気等の頑張りが出てくるものと思われる。「親は子供の鏡」とも言われる。島の人々が学ぶ生活を習慣化することは、私たち教師が目標としている子供の学校教育が旨くいく事にもなる事を忘れてはならないと思う。

第三に、市や県の産業振興課、農林水産課、漁業協同組合等の漁業振興についての、講習会、見学会等の手がもっと差しのべられるべきであろう。

離島僻地の後進性を打破しなければ、市や県全体の後進性はなくならないし、その発展につながらない。関係機関が、このことを真剣に考えるならば、離島僻地にも中心部と同じように指導者の派遣を始め、施設設備の充実、活動内容の指導等を積極的に態度で表現してくれるべきであると思う。しかし、島にはそのような手は、年間を通じて殆ど見られないようだ。それどころか、学校教育としての小中併設の分校校舎や教員住宅も耐用年数を超えて老朽化したり、不備だったりしているというのに、未だに放りっぱなしにされているのである。

「僻地振興法」が施行されて二十四年になる。これまで僻地性の少ない市の中心校からだんだん美しい彩をした鉄筋コンクリート造り何階建てという校舎に変わっている。いつ私たち高度僻地の高島分校に「僻地振興法」の校舎建設的恩恵が受けられるのであろうか。危うく、今年位で、「離島振興法」の多くは、打ち切られるところではなかったのか。なぜこんなに長く離島僻地を放りっぱなしにしてきたのだろうか。僻地小島の人々は、漁に追われると共に、永い質素で不便な生活が身についていて、例えば分校校舎は、もう四、五年も前から雨漏りがあり、雑巾とバケツで雨漏りを受けて、机を寄せ合って授業を受けているというのに何も言わない。「僻地振興法」その主旨は、離島僻地の為、生活に不便を強いられ、後進性を余儀なくされている所に、逸早く適用されるものではなかったのか。高度僻地の分校にこそ一番始めに適用されるべきではないかと、私は老朽化した分校校舎の中にいるあどけない顔をした子供たちと接しながら、そのように思われてならない。（その後分校校舎の雨漏りは、島民や教師や関係各位の熱意と陳情により、改修がなされ、改善されたことを有難く思っている）

話は元に戻るが、学校教育でさえ以上のようであるから、島の文化活動に関係機関の手を差し伸べる等、もっての外とお叱りになるかもしれない。しかし、何はともあれ、関係機関の手は、離島僻地小島にも必要なのである。

第四に、青年部を中心に島の文化活動の組織化と視察が必要に思う。

島の文化活動の組織化と文化活動先進地の視察は表裏一体のように思う。又、組織が生き生きと活動を継続していくためにも、視察は早急に実施されるべきであろう。以上僻地小島高島での文化活動の必要性とその方策について述べた。一日も早く島の人々の文化活動がなされ、島全体が発展向上していくことを願ってやまない次第である。

6　子供会

僻地高島には子供会がある。子供会のメンバーは、小中学生全員である。これは一島一分校の全児童生徒の顔と全く同じものである。リーダーは中学生で、リーダーといっても、子供会担当の教師の援助を受けて辛うじてリーダーを務めている程度である。リーダーのこのような様子は、例年、誰がリーダーになろうと同じ結果である。こんなリーダーの様子からすると、子供達は子供会を必要と思っているのだろうかと疑問を抱く時がある。小学生は、子供会が好きでやりたいのに対し、中学生の半数程度は、子供会で自由を束縛されるより、自分勝手に遊んだ方がましだとの考えであろうか。どうでもよいような態度が見られる。

子供会の活動は、部落の掃除、海岸掃除、ソフトボール、ピンポン、七夕会、キャンプ、クリスマス会、節分会、新入生歓迎会、冬の夜回り、卒業生送別会等をやっている。部落の掃除は、特に溝を中心に道路沿いに落ちている紙屑、ジュースの空き缶、ビニール袋等を拾って回り、一輪車に載せて海岸のゴミ捨て場に運ぶことになる。島の家十六軒、教師の家も含めて二十四軒の極少の部落であるが、実に多くのゴミが散乱している。先日、小学生十名で部落のゴミを拾ったところ、一輪車九台のゴミが約一時間足らずで集められたのであった。限られた者とはいえ、捨てる訳ではないが、お菓子袋、ジュースの空き缶等、溝や道端に置き去りにしてしまうのだ。このように、溝やくぼんだ所にゴミを置き去りにしていると、一旦雨が降り出すと島特有の鉄砲水となり、ゴミを海へ流してくれる。溝は掃除をしなくても雨を待っていれば、雨が自然に美しく溝を蘇らせてくれるのだ。「コンナニ掃除センデモ、雨ガ降ルト掃除ヨリモ、綺麗ニナルトバッテガネ。」こんな言葉も子供から聞く時もある。島の子供も大人も、その事を生活経験として体得しているのである。だからこそ、溝に或は道に、時には運動場に、ゴミを置き去りにしてしまう極限られた者もいるのだ。しかし、子供会の行事計画をさせると、毎年必ず、溝掃除、海岸掃除等と部落を美しくする活動が計画される。やはり子供達の心の中には、島にゴミが散乱する事は気になるのであり、自分たちの手で高島を美しくしなければならないという気持ちは持っているのである。子供たちはゴミを拾いながら、「沢山散ラカットッタネ。島ノモン皆ガチラカサンゴトスレバ、ヨカッチャンネ、ソウサ、ソウスレバ、キレイニナルトバイネ。」等と話す時がある。子供の心の中に「ゴミを散らかさないようにしなければ」という心が大きく育ちつつある。

次に、子供会キャンプであるが、島の海岸沿いの草原にテントを張り、全員参加で開催する。テント泊は小学三年生以上だ。キャンプ日の午後から支度に掛かる。食事の献立を子供たちが立て、献立ができると、献立の材料を各成員に割り当て、当日各自持参する。女子が主に炊事の仕事をし、男子が薪集めとテント張りという具合に係を分担する。やがて、テントの準備が整った頃には夕食もできており、全員そろって食事会となる。食事がすめば、今度はキャンプファイヤーだ。楽しいキャンプファイヤーを楽しんでテントに入る。テントの外には、満月が黄金の光を放ち、その光が海を染め、月光の世界を奏でる。実に美しい光景である。翌朝海岸でラジオ体操をやり、朝食を済ませて午前中に帰宅する。キャンプ場も島内にあり、海岸で魚を釣っておかずにしたり、貝を拾ったり捕ったりして炊き込みご飯を作ったりする時もある。無料でキャンプができるとは、都市部では考えも及ばない事柄である。離島僻地ならではの催しだ。自然の中で生きる喜びを、しみじみと感じる事のできるこのキャンプ、都市部の子供達にも味わわせたい気持ちで一杯である。その他、七夕会、節分子供会、クリスマス会等は、都市部とあまり変わらないので割愛する。

次に、子供会を成長発展させるために、何をすべきかについて述べる。

第一に、子供のリーダーの養成。

第二に、子供会指導者を島内に作る。

第三に、活動内容の研究。

第四に、教師の指導助言。

を挙げることができる。島には海はあるが、公園や本屋等の文化的なものは皆無である。子供たちの楽しみとしての組織的なものは、この子供会を除いて何一つない。子供会の充実発展を願わずにはいられない。

※子供会の夜回りの言葉
火の用心、カチカチ、カチカチ（拍子木）。

マッチ一本、火事の元、カチカチ、カチカチ。

父ちゃん、たばこの、火の用心、カチカチ。母ちゃん、かまどの、火の用心、カチカチ。

火事は天下の、大損害、カチカチ、カチカチ、カチカチ、カチカチ。

以上が一連で、しばらくして繰り返す。

7　互恵互助

分校は、分校の工事の時は、木材やセメントやブロックや砂を学校まで運ぶのに、島の各家庭の一輪車を子供を通して借用することも度々である。島の人は快く貸して使わせてくれるのでいつも有難く思っている。大きな学校備品や施設設備の材料等も、いつの間にか子供の家の一輪車が役立っている。

反対に島の人も、色々なものを分校に借りに来られる。それは僅かではあるが、畑を耕すための鍬やスコップ、畑や山道の草刈りに使うための鎌、一輪車に空気を入れるための空気入れ、鉈や巻き尺等もある。台風シーズンは、時々学校の屋根瓦が吹き飛んで屋根修理を島民の手助けを得て教師共々精出す時がある。その時の笊やはしご等も持ってきてくれる。運動場、校舎周りの庭の草刈り除草の道具も勿論各家庭の物で仕事をして貰う。

分校の一輪車も非常に多くの用途がある。時々何処かの家庭や部落で工事があって、島民を人夫として賃金で雇う事もある。大工や左官などの雇い主は、先ず区長の所に行き、雇いたい人数を集めてくれるようにお願いする。区長は、有線放送等で全島民に呼びかけ、人夫になりたい島民は名乗り出る。名乗り出る者が多ければ、区長は籤を引かせたり日割をしたりして人夫を決定する。僻地のせいか、家にある一輪車や鍬やスコップ等を持ち寄っての人夫である事が多い。そんな時でも分校の一輪車等を借りられる事もある。私たちが高島に赴任した頃は、学校の電話も部落民との共用が建前であった。

この様な分校と島民との助け合いは、高島に分校が創立された時からのようである。分校の創立に当たっては島民総出で、しかも自分たちの道具持ち寄りで働いて完成させたのだ。それ以来分校は島民の物であり、島民の物は分校の物であるという意識があったのである。いわゆる共同体とか、共有とか、助け合い支えあいの生活風習が流れているのである。「分校に行けば何でも借りられる。」これは非常に良い事である。それは分校を信頼しての事であり、「任せとけ、分校の事は自分たちの手で何でもしてやるぞ。」という事の証でもある。このような学校と地域との助け合いの関係は現代の日本の学校では忘れられつつあるのではないだろうか。私はもっと積極的に、分校が地域の地域振興セン

島民総出で新築工事

ター的役割を果たすことは当然なことであると思う。特に離島僻地でそのような役割は、僻地教育と僻地発展のために重要であり、欠くことのできない事柄であるように思う。しかしそれは同時に「自分の物を大切にするのと同等に、他人の物も大切にする」という心と態度があってこそ、共同体的センター的役割を果たし得るものである。私たち教師の指導に待つところ大である。

物品をすぐ手に入れるのに苦労する離島僻地、その生活経験から生まれたこれら生活の知恵、学校地域共同体と言おうか、私たちが離島僻地に住んでみて、十分納得のいく事柄である。

地域との互恵互助の精神で、好ましい離島僻地高島の発展を期待したいと思う。理解の上に立って、僻地教育に当たっていきたい。

第四章　教師の在り方

1　地についた教育

先に「先生は二、三年もすると島から出るもんな」でも述べたように、島民は、僻地に勤務する教師を「通り雨的」に捕らえている様である。これらの言葉は、離島僻地で勤務していく教師の生活上の寂しさと空しさ、赴任教師と付き合おうとしても、真に付き合う事の出来ない島の人々の諦めとやりきれなさが入り混じった感情や態度が、私には強く心に残っている。

又、赴任当時の島民あげての歓迎会の時、「先生は、離島派遣教員でっしょ、ここに何年おらすとですか。」と即座に聞かれたとき、僻地を希望して来たとはいえ、旨く答えが出てこなかったのが事実と言ってよい。「一応、離島派遣教員ですので、三年という事で来ております。しかし、私たち夫婦は、希望して此処に来たのです。どこで教育するのも同じですので、来た以上、分校の為、島の為にやろうと思います。住めば都にしたいと思います。その後何年いるか、長く居る事ができれば居ようと思います。（居る事ができないのかもしれないのだが）学校のことは島の事、島のことは学校の事、学校が良くなることは島がよくなる事、島が良くなることは学校が良くなることです。どうぞ、よろしくお願いします。」と、自分の信じるままに偽りの無い挨拶をしたものだった。

本当に私は今もそう思っている。「この分校に、自分の思う効果的な教育ができて、自分の思う通りの教育効果が現れるまでは、この分校に居て分校のために頑張るぞ。」と。（もう私には、勤務していた市の学校から、研究発表会をやるから、僻地から帰ってくるようにと誘いが来ているが、納得のいく教育が未だ出来ていないので断り続けている。又教育センターからの誘いもしかりである）多くの教師が、離島僻地での生活の不便さ、厳しさを思うと同じように、私もやはりそれを真っ先に思う。しかし私はこの島のため、この素朴な子供のために、一年でも長く居て、納得のいく立派な教育をやってみたい。私は、離島僻地教育は、「通り雨的教師」では、真の教育はできないと思うからである。

2　土帰月来

土帰月来とは、土曜日には郷の家に帰って、月曜日には学校に来るという離島派遣教員の週生活パターンを端的に言い表した言葉である。長崎県教育委員会は、新たに昭和五十二年度より「教職員人事異動は、全県的な視野に立って地域間及び学校間の格差を是正すると共に、教職員構成の均等を図り、教育の機会均等を確保し、もって教育の振興を期する」ため、「県教職員広域交流人事異動」を実施した。この通称「広域人事」によって、離島僻地に赴任させられたという意識を持った教師が、ここ一、二年増えてきている。遠く離島僻地に赴任させられた教師は、かなりの数、離島僻地に単身赴任しており、土曜日には家族を置いている郷へ帰り、土曜日の夜から日曜日を家族と共に過ごし、月曜日の早朝郷を出て、学校が始まる直前に出勤して、月曜から金曜日までを赴任地で過ごし、土曜日には又、里へ帰るという週生活のパターンを取っているものが多い。交通にはバス利用者もいるが、自家用車を使っている者もある。教師が勤める離島僻地校から家族のいる郷の家までは、遠い者は片道三、四時間程度はかかるという。往復六時間及びそれ以上費やす教師もいないとは言い難い。この交通の為に費やされる教師のエネルギーは大変なものだ。これが週一回程度、月三、四回繰り返される事にもなり得る。家族を何故離島僻地の赴任地へ連れてこないのか、単身赴任よりも、家族連れで赴任すれば家庭生活は安定するし、交通の危険からも逃れられる。その上、離島僻地をよく理解することもできるし、理解の上に立って子供の教育に当たる事ができるのである。加えて離島僻地の景色は素晴らしく、健康にも非常に良い。だが、管理職としての校長・教頭でさえも単身赴任である場合もあり得る。それは何故か。

私は次のような理由をあげることができると思う。

①離島僻地には医療機関が不備な事。

②子供の教育水準が低いと思われているため、自分の子供の学力が低下することを恐れる。又僻地には高校がない事。

③生活必需品の入手が困難で赴任者には生活しにくい事。

④離島僻地の教員住宅は不備な面が多い事。

⑤郷の自宅を空き家にしたり、他人に貸したりする破目になる事。
⑥郷の親戚、知人との交際が乱れる事。

等があげられる。中でも重要なのは①から④までである。しかしながら、私たちのように、広域人事以前に離島僻地を希望して赴任したり、離島僻地に来るべくして赴任した教師は、離島僻地に家族を連れてきているためか、「土帰月来」はあまり考えなくてもよかった。従って二、三年前までは、郷帰りといえば、出張の時立ち寄るか、精々月一回程度という教師が普通であったと思われる。それが「広域人事」を境に現在は単身赴任者が増え、「土帰月来」の生活パターンを繰り返す教師が急増しているのである。単身赴任者は郷に家族を生活させている。何時もそのことが心配で、頭には家族の事がどこかに残っていると言ってよい。土曜日には家族のもとへ帰り、家族団らんの喜びを味わわなければならない。又、それが人間というものであろう。既婚の単身赴任者は、家族ぐるみで赴任地へ住所を移している者もある。しかし、先に述べたような理由で、やむを得ず、実は家族を郷の自宅に生活させている場合もあり得る。

広域人事の目的や方針は素晴らしい。県教育委員会の県議会等での報告では、その後の教育行政の効果は絶大なものがあったと伝えられる。私もその事については、ある程度理解できるし、県教委を評価したいと思っている。しかし、「土帰月来」、それは離島僻地の赴任地に密着していない「通り雨的渡り鳥」でしかないように思えてならない。勿論、離島僻地などへ赴任した教師は、私たちも含めて、離島僻地に永住し永勤する教師はなく（現在は法的にもできない）、全ての教師が、その意味で根無し草であり、「通り雨的渡り鳥」であるといえるのだが。教育は他の産業のように、物品を対象にするものではない。子供という人間（人格）を対象とする高度なそして非常にデリケートな営みである。教師の「土帰月来」、これは家庭生活を営む上で大切な事であり、人間的生活を果たす上で必要な事である。そしてそれは、決して容易なことではない。「土帰月来」の教師は、これを好き好んでやっているのではない。やむを得ない生活の事情から生まれているのである。しかし、教育の振興や教師の生活の安定から眺めれば、問題があるように思えてならない。私は思う、「土帰月来」をしなくても良いような、しかも全県的な教育振興の効果と教師の資質や生活の安定が期待できる教育行政はないものかと。「教師本来の力で子供の学習生活指導に積極的に情熱を傾けられる時が来るように。」と、私は願っている。

3　付き合いは付き合い、指導は指導

離島僻地に住んでいると保護者並びに島民との付き合いも多い。特に酒好きな保護者と酒好きな教師、寂しがり屋の教師と世話好きな保護者、何か刺激を求めて、或は余暇を埋め合わせるために、島民と教師との付き合いができてしまう。付き合いは決して悪いことではない。島の人々の生活や考え方が理解され、子供の指導に役立つことが多い。しかし、それが子供の指導を疎かにする結果になっているとすれば、厳に慎まなければならない。離島僻地の教師は、遠方より遥々出向いて島に住んでいる者が多い。これらの教師は、島内で如何に自分が弱い者であるかを、生活を営む上で強く感じているに違いない。付き合いは当然で必要な事ではあるが、島民との付き合いを大切にしなければなら

ない立場に置かれているともいえる。しかし、教師として忘れてはならない事は「付き合いは付き合い、指導は指導」という立場を明確にする事である。それは教師だけが明確にするだけでなく、付き合いの中で、島民全体にその事を啓蒙し浸透させなくてはならないと思う。でなければ、好ましくない行為をした子供を指導しようとしていると、反対に子供から、「先生そぎゃん言うてよかといろ、そぎゃな事言うと、もう家に来ても酒は飲ませんぞ。」とか、「そぎゃん叱りよると、魚は食わせんぞ。」等と言われかねない。もしそうなったら、返す言葉がない教師に陥るのである。最早指導等できるはずがない。こんな教師を中学校の番長クラスの子は、「話の分かる先生」と言い、我儘的、遊び的に好きである場合がある。教師と島民との「付き合いは付き合い、指導は指導」という区別ができる教師でありたいと思う。

4　子供任せの教育

J・J・ルソーの『エミール』に始まる児童中心主義の教育が叫ばれて既に

久しい。児童中心の教育とはどんな教育であろうか。児童中心の教育は言葉が容易だから、誰でも早く理解してしまいがちであるようだ。教師などは老いも若きも、既にその事については、卒業証書を貰っている感じである。そんな教師が次のような発言をするから厄介である。ある行事等を計画したり実施したりするための職員会議等での事である。「子供に○○行事をするかせんかと聞いてみたら、○○のごとあっとは好かんせん、しゅうごとなかって、子供が言いましたので、私は○○行事は止めた方が良いと思います。」これらの発言は、現代の進歩的教師と自称しがちな教師がよく使いがちな言葉である。如何にも児童中心である。子供任せの処置の仕方である。私もある特別な場合には、このような処置も必要なことを認め得る。だが、これは児童中心であっても児童中心主義教育ではないと思う。それは、この発言からすれば、教師の行事に対しての指導の方向性が全く現れていないという事である。教師が行事に対して、教育的にどのように考えどのような意義を見いだし、子供をリードしていくかという教育方針が空白なのだ。言い換えれば、この行事によって、子供をどんな子供に育てるかという児童像が、教師の立場から設定されていないのだ。私は、教育は子供がするものではないと思う。教師が教師の描く児童像の方向へ、教育的に導くものであると思う。児童中心主義教育とは、十七世紀のヨーロッパで教師中心（講義や教授）の教育から、児童の自然な発達・発想を考慮し、児童本来の姿を尊重した教育を行っていこうという観念的教育理念であり教育方法である。「デモシカ先生」とよく言われる。だが、デモシカ先生は、「師弟同行」の可能性が未だあると言えるけれども、子供任せの教育は、「デモシカ先生」どころの問題ではない。教師として責任を果たしていないし、子供は自由奔放で、面白くて我儘な行動を露わに出すようになる。そのようになった時、慌てて正しい方向に矯正しようとしても、手に負えない状態になることは明白である。この頃は、各地で非行が伝染病の様に発生している。これらの発生が、案外教師の教育に対する空白な「子供任せの教育」に起因しているのかもしれない。「子供任せの教育」は真の児童中心主義の教育ではないのである。

教師は、教師が社会的に存在を認められている意義や自分の教育の在り方を、深く考えてみる必要があるだろう。

5　無気力的・放任的教師

現代は、無気力的・放任的教師の出現が多くなりつつある時代であろうか。教科的に或は生活的に、子供が困っている問題を持っているとしても、それを解決してやろうと手を差し伸べる教師が、だんだん少なくなっているのではなかろうか。たとえ手を差し伸べたとしても、それはゼスチャー的で形だけのものに終わり、真に教師の責任に於いて、最後までその子の問題を解決してやろうとする教師は減りつつあるように思う。それは子供が問題を持っていることを教師が知っているかいないかには関係がないようだ。問題を知らなければ勿論だが、問題を知ろうともせず、たとえ知ったとしても、無気力的・放任的なのである。「触らぬ神に祟りなし」であろうか。

教師の無気力的・放任的教育で育った子供は、教師の指導の愛を知らないでいると思う。例え非行に走る子供でも、本当の心は、自分の成長を願い助ける教師の「真の愛」を求めているのだ。教師はその期待に応えてやらなければならない。勿論、子供の質的問題もある。家庭的、社会的、人的環境の問題もある。しかし、教師が無気力的・放任的態度を取っていては、子供の問題は解決しないし、子供は非行への速度を速めるだろう。ここに子供を非行へ追いやっている教師の現代的責任があるように思う。若し教師の中で無気力的・放任的態度で教師生活を送ろうとする者がいれば、その教師は、今一度教師とは何か、教育とは何かという事を、教師本来の姿に立ち返って反省してみる必要があるだろう。そして、しっかりした教育観と教師観を持って、積極的、意欲的に子供の諸問題に立ち向かい、子供を救い、子供を伸ばす教師でありたいと思う。

現代の教師の置かれている社会的・法律的・職場的な環境が、教師の心身から豊かさを奪い、教師を無気力的・放任的にさせていると言えるかもしれない。従って、社会的、法律的改革・改善、教師への温かい思いやり等、早急に解決しなければならない事は明らかであるが、しかし、その中にあっても、教師は傍観者的であってはならないと思う。愛の教育を行う教師でありたい。そこで初めて、教師と呼ばれるのに相応しい教師になり得るのではないだろうか。

「意欲的教師にのみ、人を導く愛がある。」この言葉を私は強く心に抱いている。

あとがき

この書が完成できたのは、文芸社のお力添えと共に、離島僻地派遣教師として昭和五十一年四月より五年間の勤務経験があったからだと思っている。昭和五十六年三月、県教委の止むを得ない事情により研究校への転勤異動発表迄の五年間である。できるだけ読みやすいように平易な文章で記したつもりである。

現在高島分校は、平戸市立野子小中学校に吸収され、廃校になっていて、子供たちは瀬渡し船で通学しており、島は過疎化の一途を辿っている。従って、今は昔という事情を察して内容の理解をして頂ければ幸いである。

著者

著者プロフィール

朝長　重信（ともなが　しげのぶ）

昭和七年　長崎県に生まれる
同三十年　長崎大学学芸学部卒業
同　　年　長崎県東彼杵郡宮小学校勤務
平成五年　佐世保市日宇小学校を最後に退職
　　　　　現在は長崎県に在住
同　七年　『竹やぶの小道を抜けて遠見に登ろう』（近代文芸社発刊）

光を放て子供達よ

2018年２月15日　初版第１刷発行

著　者　朝長　重信
発行者　瓜谷　綱延
発行所　株式会社文芸社
　　　　〒160-0022　東京都新宿区新宿１－10－１
　　　　　　　　　　電話　03-5369-3060（代表）
　　　　　　　　　　　　　03-5369-2299（販売）

印　刷　株式会社文芸社
製本所　株式会社本村

ISBN978-4-286-19075-4